Robert Burdy

WIR MÜSSEN REDEN – ABER RICHTIG!

Robert Burdy

WIR MÜSSEN REDEN – ABER RICHTIG!

Die Kraft der emotional intelligenten Kommunikation

Vorwort von Gerald Hüther

HERDER

FREIBURG · BASEL · WIEN

MIX
Papier | Fördert gute Waldnutzung
FSC® C014496

Hermann-Herder-Straße 4, 79104 Freiburg

www.herder.de

Bei Fragen zur Produktsicherheit wenden Sie sich an
produktsicherheit@herder.de

Satz: ZeroSoft SRL
Herstellung: GGP Media GmbH, Pößneck
Illustrationen: Sabine Hanel, Gestaltungssaal, Rohrdorf/Thansau

Printed in Germany
ISBN Print: 978-3-451-60210-8
ISBN E-Book (EPUB): 978-3-451-83444-8

Inhalt

Vorwort

Auch wenn es uns angesichts des gegenwärtigen Zustandes unserer Welt bisweilen die Sprache verschlägt, wir kommen nicht weiter und finden keine Lösung für die vielen Probleme, wenn es uns nicht gelingt, immer wieder miteinander zu reden. Wir sind voneinander abhängige und aufeinander angewiesene soziale Wesen, die schon als kleine Kinder nicht überleben, geschweige denn irgendetwas von anderen lernen könnten, wenn niemand bereit ist, mit ihnen zu sprechen und ihnen dabei zu helfen, all das zu erlernen, worauf es im Leben ankommt. Und wir haben ein so plastisches, zeitlebens lernfähiges Gehirn herausgebildet, weil es uns in die Lage versetzt, über alle Grenzen und ideologischen Verblendungen hinweg miteinander ins Gespräch zu kommen und gemeinsam nach Lösungen für die Probleme zu suchen, die in unserem Leben und vor allem in unserem Zusammenleben zwangsläufig entstehen. Wir Menschen sind und bleiben Suchende und als solche können und werden wir uns auch immer wieder verirren und hoffnungslos verwickeln. Als Einzelne ebenso wie als ganze Gemeinschaften. Um das zu vermeiden, müssen wir miteinander reden, aber richtig, wie Robert Burdy es in diesem Buch schon im Titel zum Ausdruck bringt.

So richtig haben wir das bisher offensichtlich noch immer nicht geschafft. Sonst hätten wir ja nicht so viele Probleme. Wenn manche Menschen nicht miteinander reden wollen oder können, so liegt das aber nicht an ihnen, sondern an den unterschiedlichen und oft unvereinbaren Vorstellungen und festen Überzeugungen, die sie sich im Lauf ihres Lebens, oft schon als Heranwachsende, ins eigene Hirn gebaut haben. Diese festen Überzeugungen und Einstellungen erwachsen aus den Erfahrungen, die jede und jeder von uns im bisherigen Leben gemacht hat oder machen musste. Aber nicht die eine solche Erfahrung auslösenden Probleme werden in Form entsprechender Nervenzellverschaltungen fest im Gehirn verankert, sondern die jeweiligen Lösungen, die eine Person dafür selbst gefunden oder von anderen übernommen hat. Diese strukturell im Gehirn verankerten festen Vorstellungen, Überzeugungen und inneren Einstellungen darüber, worauf es im Leben ankommt, sind es, die uns daran hindern, auf andere Menschen mit anderen Vorstellungen, Überzeugungen und Einstellungen zuzugehen und uns mit ihnen auszutauschen. Wir haben Angst davor, dass dabei genau das infrage gestellt wird und zusammenbricht, was uns in einer unsicheren Welt und schwierigen Beziehungen bisher einigermaßen Halt geboten hatte: unsere feste Vorstellung davon, wie etwas zu sein hat, wie es gemacht werden muss, was richtig und was falsch ist. Diese Halt bietende Vorstellung darf nicht erschüttert werden, denken wir.

Es gibt eine sehr banale Ursache für diese Angst, aufeinander zuzugehen und miteinander zu reden: Wir hatten in unserem Kulturkreis bisher einfach nicht genügend Gelegenheit, um die beglückende Erfahrung machen zu können, dass Konflikte auch anders gelöst werden können als durch Konfrontation, Gegenwehr und die Durchsetzung eigener Interessen auf Kosten anderer, also im weitesten Sinn durch

Kampf oder noch deutlicher durch Krieg. Wie das geht, haben wir oft schon in unseren Herkunftsfamilien von Eltern und Geschwistern erfahren, aber auch im Kindergarten, in der Schule, im Berufsleben und wohl am deutlichsten beim Versuch, erfolgreich in die Führungspositionen von Unternehmen und Organisationen, Parteien und Vereinen aufzusteigen. Nicht miteinander zu reden, sondern andere zu übertrumpfen, herumzukommandieren, über den Tisch zu ziehen, verbal fertig zu machen, auszugrenzen, zu mobben, zu dissen und wie das alles heutzutage heißt, war die erfolgversprechendste Lösung. So geht es nun schon seit vielen Generationen. Kein Wunder also, dass wir bestens Bescheid wissen, wie man Kriege anzettelt und gewinnt. Wo aber konnten wir oder unsere Eltern oder unsere davor lebenden Vorfahren lernen, wie Frieden geht? Wie Konflikte gewaltfrei gelöst werden können? Wie man miteinander ins Gespräch kommt, anstatt sich gegenseitig eine über die Rübe zu hauen?

Deshalb stimmt es: Wir müssen miteinander reden, aber richtig! Nicht mehr ständig aneinander vorbei oder übereinander oder alle gleichzeitig und auch nicht so laut wie möglich. Und es kann auch nicht heißen: Wir müssen wieder miteinander reden, denn so richtig haben wir das seit der Sesshaftwerdung vor zehntausend Jahren noch nie gekonnt. Wir mussten es auch nicht können, denn es ist ja bisher, mit unserer kriegerischen Gesinnung, einigermaßen gegangen. Manche haben sich auf diese Weise auch sehr erfolgreich durchgesetzt und vieles entdeckt und erfunden und etabliert, was wir bis heute nutzen. Dazu gehören beispielsweise die modernen medizinischen Verfahren oder die neuen Technologien, die vieles ermöglichen, was bisher so nicht ging. Aber auch die modernen Waffen, die Cyberkriminalität, die Ausbeutung unserer natürlichen Ressourcen, die digitale Überwachung und so vieles, was unseren Fortbestand auf diesem Planeten gefährdet. Angesichts dieser bisher noch nie dagewesenen Bedrohung unserer eigenen Existenzgrundlagen müssen wir jetzt, erstmals in unserer Geschichte, nicht wieder, sondern endlich lernen, richtig miteinander zu reden.

Dafür brauchen wir eine Grundlage, und deshalb bin ich froh, Ihnen dieses Buch von Robert Burdy empfehlen zu können. Denn der Autor schafft in diesem Buch etwas, das zum Kompliziertesten gehört, wozu wir Menschen befähigt sind, was aber nur wenige können. Es gelingt ihm nämlich in vorbildlicher Weise, die Leserinnen und Leser seines Buches einzuladen, eine neue Erfahrung zu machen. Das ist nicht banal, denn andere Menschen einzuladen, ihren Blick noch einmal zu öffnen und ihren Horizont zu erweitern, ist nicht das, was wir in unserem Kulturkreis besonders gut gelernt haben. Aber das ist noch nicht alles. Mit seinem Buch hilft Robert Burdy den Leserinnen und Lesern auch, sich über etwas bewusst zu werden, was sie alle als Fähigkeit oder zumindest als Bauchgefühl bereits in sich tragen, aber bisher noch nie so recht umzusetzen gewagt haben. Der Autor ermutigt uns, schubst uns an manchen Stellen sogar ein wenig an, es doch einfach mal zu versuchen. Richtig miteinander zu reden ist ja keine Zauberei. Das kann jede und jeder, wenn sie oder er das auch wirklich will. Und für alle, die sich immer noch nicht heranwagen, bietet Robert Burdy immer wieder konkrete Beispiele und Erlebnisse an, die dazu inspirieren, es doch jetzt einfach mal so oder so ähnlich auszuprobieren und zu erleben, wie es ist, wenn man endlich mal richtig miteinander redet, statt einander mit seiner ständigen Schwätzerei auf die Nerven zu gehen.

Auch wenn es viele Menschen noch immer glauben und es ständig versuchen, so ist es doch aufgrund objektiver neurobiologischer Gegebenheiten nicht möglich, einen anderen Menschen zu verändern. Wie sich jemand in bestimmten Situationen verhält, lässt sich durch Dressur- und Abrichtungsmaßnahmen mit Hilfe von Belohnungs- oder Bestrafungsmethoden in der gewünschten Weise erzeugen. Aber die diesem Verhalten zugrundeliegende innere Einstellung, also die Haltung der betreffenden Person, bleibt davon unbeeinflusst. Sie tritt zum großen Erstaunen der vielen Dompteure mit ihrer verhaltenssteuernden Wirkung sofort wieder zutage, sobald die Belohnungen ausbleiben oder die Bestrafungen nicht mehr wirken. Diese innere Einstellung ist aufgrund vergangener Lösungserfahrungen entstanden, sie lässt sich deshalb nur durch neue Erfahrungen bei der Lösung bestimmter Probleme verändern. Aber das kann niemand von außen herbeiführen, erzwingen oder gar unterrichten. Das gelingt nur demjenigen, der es schafft, diese andere Person einzuladen, zu ermutigen und wenn möglich auch noch zu inspirieren, eine neue Erfahrung machen zu wollen, eine neue Perspektive einnehmen, eine neue Lösungsmöglichkeit ausprobieren zu wollen. Allen, die erfahren möchten, wie das geht, empfehle ich das Buch. Als Nebeneffekt werden Sie dann feststellen, dass sich die Art und Weise, wie Sie mit anderen reden, spürbar verändert hat.

Und wer sich dafür interessiert, wie man richtig mit anderen Menschen redet, der erfährt in diesem Buch, dass man dazu diese anderen auf eine liebevolle Weise zu einer neuen Erfahrung einladen, ermutigen und inspirieren sollte. Sonst bleibt alles Gerede nur bloßes Geschwätz, und das können die mit „künstlicher Intelligenz“ ausgestatteten Automaten inzwischen ja meist schon viel unterhaltsamer als wir.

Gerald Hüther
Göttingen, im Juni 2024

Einleitung

Ein guter Freund hat mir geraten, dieses Buch mit folgenden Worten zu beginnen: „Ich kann es auch nicht!" Er hat es mit einem Lächeln gesagt. Ich bin nicht sicher, ob es ironisch oder nachsichtig war. Also: Ich kann es auch nicht.

Es ist die Wahrheit. In meinem Leben sind Beziehungen abgebrochen, Lieben entliebt und Projekte entwertet worden, weil es mir nicht gelungen ist, richtig mit meinen Mitmenschen zu reden. Selbst nach Jahrzehnten der beruflichen Beschäftigung mit dem, was wir heute *emotional intelligente Kommunikation* nennen, mache ich Fehler.

Emotional intelligente Kommunikation ist ein Goldstandard, den wahrscheinlich niemand von uns je ganz und stetig erreichen wird. Ein Austausch, bei dem Gesprächspartner die eigenen Bedürfnisse und die ihres Gegenübers erkennen, und mit Empathie ansprechen. Der Versuch, sich zu verbinden, anstatt sich gegeneinander durchzusetzen. Spannend ist, ob wir dem jeden Tag etwas häufiger gerecht werden können. Und uns bewusst damit zu beschäftigen, was wir da eigentlich tun, wenn wir miteinander reden.

„Man kann nicht *nicht* kommunizieren." So hat es der Philosoph, Psychotherapeut und Kommunikationswissenschaftler Paul Watzlawick in seinen wegweisenden Axiomen zur Kommunikation formuliert. Tatsächlich kommunizieren wir immer. Selbst mit jenen, mit denen wir nicht reden. Es lässt sich gar nicht vermeiden, dass wir ununterbrochen

Botschaften senden, die unseren Mitmenschen etwas sagen. Nur ... oft ist es halt nicht das, was wir ihnen sagen wollen! Insofern kann man Watzlawicks Satz auch auf die Spitze treiben – sprachlich wie inhaltlich: *Selbst wenn man es nicht kann, kann man nicht nicht kommunizieren.*

Warum können wir das eigentlich oft nicht – so miteinander reden, dass wir uns auch verstehen? Die Antwort ist ebenso einfach wie erschreckend und verwirrend: Weil wir die wichtigste Fähigkeit, die ein Mensch im Leben haben kann, nicht richtig lernen. Menschen begnügen sich damit, ihren Kindern das Sprechen beizubringen. Sie übersehen dabei aber meistens, dass neben dem, *wie* man spricht, es genauso wichtig ist, zu lernen, *was* man sagt. In Wahrheit lehren wir unsere Kinder lediglich, verabredete Geräusche zu machen. Möglicherweise vor allem in der Hoffnung, dass sie das lästige Plärren der Säuglinge lassen. Ihre Fortschritte erfreuen uns so lange, bis sie uns die ersten verbalen Brocken an die Köpfe schleudern, die richtig weh tun. Dann wünschen wir uns, sie würden einfach wieder schreien wie die Babys, doch es ist zu spät. Sie haben das „Wortgeräusche-Machen" schon gelernt. Was sie nun mit dieser Fähigkeit anstellen, das überlassen wir größtenteils ihnen. Da ist es kein Wunder, dass sich die Unfähigkeit zu kommunizieren bis ins Erwachsenenalter und bis in die Chefetagen und die Parlamente fortsetzt. *Wortreiche Sprachlosigkeit* ist eine Erbkrankheit, die durch falsche Kommunikation übertragen wird.

Unter Führungskräften gibt es inzwischen kaum noch Zweifel an der Tatsache, dass Kommunikationsfähigkeit eine wichtige Kernkompetenz ist. Viele sagen sogar, die wichtigste überhaupt. Trotzdem ist die Fähigkeit, wirkungsvoll mit Mitmenschen – in dem Fall Mitarbeitern – zu reden, die einzige Kernkompetenz, die nicht systematisch gelehrt, nicht gelernt, nicht geübt und nur selten praktiziert wird. Diese Kernkompetenz wird in der Regel nach dem Prinzip abgehakt: „Kann quatschen, kann kommunizieren“. Nach derselben Logik müsste es für den Führerschein ausreichen, Gas geben zu können. Vergessen wir doch einfach Richtung und Regeln für die Fahrt! Manche leben so ihr ganzes Leben. Damit machen sie es sich aber erstmal deutlich zu leicht, letztendlich deutlich zu schwer und dazwischen deutlich zu gefährlich.

Nun ist ja auch ein Buch Kommunikation. An diesem Punkt fängt das Theater schon an: Der Hund jagt seinen Schwanz, wir bedienen uns der Kommunikation, um die Kommunikation besser zu verstehen, kommunizieren, um anschließend besser kommunizieren zu können. Das klingt furchtbar widersprüchlich. Aber wir werden nicht umhinkommen, den ewigen Kreislauf aus Senden und Empfangen an irgendeinem Punkt zu unterbrechen, um aus den Missverständnissen, Fehlkommunikationen und verbalen Gewaltakten auszubrechen, die viele Bereiche unseres Alltags prägen.

Das ist der Versuch dieses Buches: Es leichter machen. Herauszutreten für einen Moment, für ein paar Zeilen und für den einen oder anderen Gedanken und einmal neu darüber nachzudenken, was wir da eigentlich tun, wenn wir miteinander reden. Was dabei in unseren Gehirnen geschieht. Und ob das wirklich das ist, was wir brauchen.

In unserem Buch *Wir informieren uns zu Tode* habe ich gemeinsam mit dem renommierten Hirnforscher Professor Gerald Hüther unter anderem dargelegt, dass wir Menschen auf Informationen angewiesen sind, um uns in dieser Welt frei entfalten und das Zusammenleben mit anderen gestalten zu können. Während es in jenem Buch vor allem um die Überflutung unserer Gehirne durch einen mehr als gesättigten globalen Informationsmarkt ging, liegt in diesem Buch der Fokus darauf, wie wir selbst Informationen mit anderen teilen. Denn genau das ist Kommunikation: das Teilen relevanter Informationen mit Menschen, die unser Leben in irgendeiner Form berühren. Ich bin Gerald Hüther unendlich dankbar für all die Inspiration, die unsere fortgesetzte Zusammenarbeit mir schenkt. Ohne ihn und alles, worüber wir geredet haben, wäre auch dieses Buch nur halb so gut. Derselbe Dank gilt allen anderen klugen Menschen, die ihre Weisheiten über unser Gehirn und wie es funktioniert, wenn wir kommunizieren, in Büchern und Vorträgen geteilt haben. Er gilt Anna Egger beim Herder Verlag, die dieses Buch erkannt hat, bevor es geschrieben war, und die dieses Projekt auf die richtige gedankliche Schiene gesetzt und alle Weichen richtig gestellt hat. Wir haben da richtig gut miteinander geredet!

Ein aufrichtiges, wenn auch etwas gegrummeltes Wort des Dankes gilt allen Menschen, mit denen es oft so unsäglich schwierig war, zu kommunizieren. Sie sind oft unsere besten Lehrmeister! Wenn auch wider Willen.

Menschen müssen miteinander kommunizieren. Doch wenn wir uns erst sagen: „Wir müssen reden“, ist es oft schon zu spät für einen gelingenden, konstruktiven Austausch. Wir können das besser.

Deshalb heißt dieses Buch auch *Wir müssen reden – aber richtig!*. Es geht nicht um eine Frage von Leben und Tod. Aber es geht um die zentrale Frage danach, *wie* wir leben. Gescheiterte Kommunikation tötet gemeinsame Projekte, Beziehungen und Lebensträume. Und wenn Situationen perfektes Teamwork brauchen und nicht nur gemeinsames Herumwurschteln (zum Beispiel in Flugzeugcockpits), dann können Kommunikationspannen schnell zu Katastrophen werden, die tatsächlich Menschenleben kosten. Experten für Flugsicherheit haben deshalb eine Methode entwickelt, die „Crew Resource Management" heißt und die eigentlich nicht mehr und nicht weniger bedeutet als „präzise und wirkungsvoll miteinander reden". Die Weisheiten des „Crew Resource Management" werden längst auch auf andere Lebensbereiche übertragen. Wir können viel lernen von der Luftfahrtindustrie, die sich eine extrem hohe Fehlerintoleranz angewöhnt hat, zum Wohl aller Fluggäste.

Die meisten von uns würden sagen, das ist auch richtig so. Schließlich wollen wir alle überleben, wenn wir in ein Flugzeug steigen. Erstaunlich ist dann allerdings, dass wir gleichzeitig solche wertvollen Dinge wie unsere persönlichen Verbindungen zu geliebten Menschen oder motivierten Mitarbeitern dem kommunikativen Zufall überlassen. Dass wir es mit resigniertem Schulterzucken akzeptieren, dass Liebesverhältnisse crashen, weil sie nach einem kommunikativen Strömungsabriss keine Luft mehr unter den Flügeln haben. Dass Beziehungen zu Kindern, die wir mit so viel Sorge und

Liebe großgezogen haben, auf dem Boden einer sprachlosen Realität zerschellen. Oder dass wir teuer angeworbene oder ausgebildete Mitarbeiter, die wichtig für unseren Erfolg sind, in die Flucht reden.

Wie schön und wie hilfreich wäre es, wenn es uns gelänge, die eigenen Bedürfnisse und die unserer Gesprächspartner im kommunikativen Austausch verbal zu befriedigen. Beide Seiten! Wenn unsere Beziehungen – persönliche wie professionelle – wachsen und gedeihen könnten auf dem Boden der Informationen, die wir uns gegenseitig schenken. Wir sind alle dazu in der Lage, wir haben die entsprechende Ausstattung. Aber nur wenige nutzen sie zugunsten einer emotional intelligenten Kommunikation.

Dabei ist es etwas ganz Besonderes, dass wir das überhaupt können. Der Mensch ist das einzige Lebewesen, das sich mithilfe seiner Sprache und seiner Fähigkeit, in abstrakten Modellen und zusammenhängenden Geschichten zu denken, verständigt. Tiger haben kein Lebenskonzept. Fische scheinen nicht nach Glück zu streben. Nach allem, was wir heute wissen, ist das ein Alleinstellungsmerkmal des homo sapiens. Toll! Aber was machen wir damit? Wir irrlichtern mit dieser wunderbaren Gabe durch Raum und Zeit wie der alte Fred Feuerstein am Ruder eines Raumschiffes.

Unser Körper hat für diese zentrale Funktion keine Automatik. Das ist eigentlich erstaunlich, aber wir haben keinen Instinkt, der uns diese wichtige Aufgabe intuitiv bewältigen lässt. Andere, sehr viel trivialere Funktionen haben eine Art Autopiloten, der die Steuerung übernimmt. Aber während unser Haar ohne Aufsicht wächst, unser Herz ohne Taktstock schlägt und unser Mund ohne Gebrauchsanweisung Speichel und Worte produziert (manchmal nur schwer voneinander zu unterscheiden), schafft unser Gehirn den Austausch von Informationen nicht in derselben automatisierten Weise. Wir brauchen vielmehr unseren Verstand, wollen wir wirkungsvoll miteinander reden. Wirkungsvoll miteinander reden heißt aber: emotional wirkungsvoll. Und das ist ein Problem. Wir wollen also mit Hilfe unserer Vernunft emotional wirken, das – entschuldigen Sie die vielleicht etwas farbenfrohe Analogien – wirkt erstmal wie in den Krieg ziehen für den Weltfrieden oder Vögeln für die Jungfräulichkeit!

Wie lässt sich die Vernunft nutzen, um eine emotionale Wirkung zu erzielen? Das ist eine der Schlüsselfragen, die dieses Buch zu beantworten sucht. Zu guter Letzt läuft alles auf das hinaus, wofür Daniel Goleman den Begriff „emotionale Intelligenz" geprägt hat. Also auf die Frage: Wie lässt sich unser Umgang mit dem emotionalen Wesen Mensch – uns selbst und den anderen – intelligent gestalten? Diese Frage geht viel weiter als bis zu unserer Alltagskommunikation zuhause oder im Büro. Am Ende werden wir alle die Antwort finden müssen, wollen wir das Auseinanderfallen freiheitlicher, demokratischer Gesellschaften verhindern, an denen totalitäre Kräfte so genüsslich zerren. Denn wenn wir nicht die komplizierte Antwort finden, dann werden sich immer mehr Menschen den einfachen Antworten zuwenden.

„Tall order!" nennt man das im Englischen – eine große Bestellung, eine riesige Erwartungshaltung. Stimmt. Also fangen wir doch einfach da an, wo wir es jeder für sich noch überschauen können: bei unserem ganz alltäglichen Austausch mit unseren Mitmenschen. Das ist schon kompliziert genug.

Wenn Mitarbeiter die Produkte ihres Unternehmens selbst testen und verwenden sollen, um Vertrauen in die Erzeugnisse zu demonstrieren, wird das im Marketing gern mit dem Satz „Eat your own dogfood!“ umschrieben. Wer seinen eigenen Mist nicht runterkriegt, kann ihn nämlich auch nicht verkaufen. In diesem Sinne ist auch das vorliegende Buch eine Hundefutter-Selbstspeisung. Denn wenn es seinem Autor nicht gelingt, seine eigenen Regeln anzuwenden, dann wird es sich im Kreis drehen, wie der Hund, der seinen Schwanz jagt. Wenn ich Sie, liebe Leserinnen und Leser, nicht längst irgendwo berührt habe, wo Sie empfindsam sind, wird dies möglicherweise die letzte Zeile sein, die Sie in diesem Buch lesen. Ich will Sie aber berühren, und zwar dort, wo es gleichzeitig wehtut und guttut: bei Ihren Grundbedürfnissen. Wir werden also gemeinsam darauf schauen, was wir eigentlich brauchen. Was unsere emotionalen Bedürfnisse sind und wie sie sich durch eine emotional intelligente Kommunikation befriedigen lassen.

Am Ende werden Sie acht wesentliche Grundsätze für Ihre persönliche kommunikative Entwicklung kennengelernt haben. Sie werden sie aber noch lange nicht nicht perfektioniert haben. Eine zentrale Erkenntnis wird nämlich sein, dass diese Prinzipien nur durch kontinuierliche (lebenslange) Reflexion und kritische Auseinandersetzung umgesetzt werden können.

Wie jede Kommunikation zwischen Menschen ist diese Lektüre eine „shape-changing Interaction“: eine Interaktion, die die Gestalt und das Wesen der Beteiligten nachhaltig verändert. Wer also keinen Bock auf Veränderung hat, der werfe dieses Buch an genau diesem Punkt bitte im hohen Bogen über den Zaun, vorzugsweise einem Nachbarn an den Kopf. Dann hat diese Arbeit wenigstens eine zweite Chance.

Sind Sie noch bei mir? Oder sind Sie der Herr Nachbar oder die Frau Nachbarin? In diesem Zusammenhang sei darauf hingewiesen, dass in diesem Buch nicht gegendert wird. Im Kern der emotional intelligenten Kommunikation geht es um menschliche Grundbedürfnisse, die wir alle als Menschen miteinander teilen. Ja, Männer und Frauen empfinden unterschiedlich und reden auch unterschiedlich miteinander – jedoch wird es im Folgenden genau darum gehen: auf die individuellen emotionalen Situationen und Bedürfnisse auf beiden Seiten einer Kommunikation einzugehen. Eine Unterscheidung zwischen männlich, weiblich oder divers erübrigt sich deshalb für die folgenden Betrachtungen. Ich gehe davon aus, dass Sie bereits ein Geschlecht haben und es ihnen auch bekannt ist. Also nutze ich mal das männliche, mal das weibliche Personalpronomen. Fühlen Sie sich frei, sich da einzuordnen, oder irgendwo dazwischen. Hauptsache, Sie fühlen sich angesprochen.

Ach, noch was. Nur Mut! Kommunikation ist fehlerfreundlich. Wir müssen nicht immer *alles* richtig machen. Wir haben genug Sicherheitsabstände auf diesem Weg. Unsere Mitmenschen wissen schon den Versuch emotional intelligenter Kommunikation zu schätzen. Sie sind nachsichtig, wenn wir Fehler machen. Wir können ja immer nochmal drüber reden!

In diesem Sinn: Los geht's. Das wird eine spannende Reise.

Robert Burdy
Markkleeberg, im März 2024

1 Auf ein Wort: Was passiert, wenn wir miteinander kommunizieren

Es hört sich so einfach an: „Sag mal was!" Wir alle stehen tagtäglich und immer wieder vor dieser Herausforderung und nehmen sie meistens so selbstverständlich an, als gelte es, einen gefundenen Geldschein aufzuheben. Oft wird erst im Nachhinein klar, wie groß die Herausforderung eigentlich war, wie schnell man sich beim Aufheben verbiegt und wie teuer uns der gefundene Geldschein zu stehen kommen kann. Manchmal ist es nämlich nur ein falscher Fünfziger.

Wenn wir miteinander reden, bewegen wir uns bildlich gesprochen in einem extrem hochpreisigen Umfeld. Das Potenzial von gelungener Kommunikation, Gutes zu bewirken und unsere Beziehungen zu bereichern, ist erheblich. Genauso groß ist allerdings das Risiko, mit den falschen Worten ellbogentief ins rhetorische Klo zu greifen und anschließend sehr lange im üblen Geruch des Gesagten zu stehen. Da reden wir nicht nur über das sprichwörtliche zerbrochene Porzellan, sondern auch über tiefe Narben auf der Seele. Das gilt für private Kommunikation in unseren persönlichen Beziehungen genauso wie für die Art und Weise, mit der wir im Job mit anderen reden. Nicht gelingende Kommunikation kann menschlich wie monetär sehr teuer werden.

Wir stürzen uns also – ohne dem große Aufmerksamkeit zu schenken – immer und immer wieder in eine Aktivität, die uns selbst und das Gefüge unserer sozialen Beziehungen nachhaltig verändern kann. Hand aufs Herz: Wie oft machen wir uns diese Tragweite von Kommunikation bewusst?

Die Absicht, uns zu äußern, zwingt uns immer wieder dazu, uns auch zu *ent*-äußern, also etwas von uns preiszugeben. Das macht verletzlich. Außerdem kommunizieren wir, weil wir Informationen brauchen. Miteinander zu reden, ermöglicht es uns, in einer immer komplexer werdenden Welt Lösungen für Probleme zu finden, indem wir von den Erfahrungen anderer profitieren. Gegenseitig voneinander zu lernen ist eine wichtige Grundmotivation für Kommunikation. Egal, ob wir in die tiefsten Geheimnisse eines naturwissenschaftlichen Problems eindringen und uns darüber mit anderen Super-Schlaumeiern austauschen. Oder ob es darum geht, herauszufinden, was unserem Lebenspartner die Petersilie verhagelt hat.

Verletzende Kommunikation ist Körperverletzung

Jede Erfahrung, die wir machen, auch jede kommunikative Erfahrung, bedeutet einen Lernprozess in unserem Gehirn und das Abspeichern einer bestimmten Lösung für ein bestimmtes Problem. Das gilt für Fakten (zum Beispiel 1 + 1 = 2), für Schutzmechanismen (zum Beispiel „Traue dieser Person nicht noch einmal“, wenn derjenige, mit dem wir reden, uns anlügt oder Unsinn verbreitet) oder auch für emotionale Erfahrungen (zum Beispiel „So wie ich bin, bin ich nicht gut.“). Solche abgespeicherten Lösungen verändern also nicht nur unser Verständnis der Welt, sondern auch die Struktur unseres Gehirns.

Dieser Prozess namens *Neoplastizität* ist eine der wunderbarsten Offenbarungen der jüngeren Wissenschaftsgeschichte: Unser Gehirn ist und bleibt bis ins hohe Alter – wenn Krankheiten es nicht verhindern, bis zum letzten Atemzug – in der Lage, sich den aktuellen Bedürfnissen seines Besitzers anzupassen. Der Hirnforscher Professor Gerald Hüther illustriert das gern am Beispiel eines Achtzigjährigen, der noch Chinesisch lernen will. Wenn er eine attraktive Chinesin kennenlernt und zu ihr in ihre Heimat ziehen will, dann wird er sich die Sprache trotz seines hohen Alters noch schnell aneignen können.

Neuroplastizität bedeutet, dass wir eben *nicht* mit dem Gehirn leben müssen, das uns das evolutionäre Schicksal mit seinem seltsamen Sinn für Humor in die Birne geschraubt hat. Es bleibt zwar an Ort und Stelle, aber es bleibt nicht gleich, sondern passt sich ständig strukturell neuen Herausforderungen an und speichert Lösungen ab, die uns dabei helfen, unsere Bedürfnisse zu erfüllen. Man könnte in der Sprache der künstlichen Intelligenz sagen: Das Gehirn aktualisiert ständig und selbstständig seine Hardware.

Allerdings birgt die Neuroplastizität auch eine Gefahr. Da wir nicht nur gute Erfahrungen machen, werden nicht nur positive Lösungsmuster abgespeichert, sondern ebenso die schmerzhaften und traumatischen Erfahrungen. Teils werden diese wiederum so verkapselt, dass sie uns erstmal nicht mehr wehtun können. Auch das ist eine Lösung.

Wenn wir unserem Gehirn eine negative, verletzende Erfahrung „ins Gedächtnis diktieren", dann wird die spöttische Bemerkung, der diskriminierende Begriff oder die negative Beurteilung durch einen anderen buchstäblich zur Körperverletzung: Es verändert unser Gehirn physisch gegen unseren Willen auf negative Art.

Nach geltendem Recht ist einer Körperverletzung (§ 223 StGB) schuldig, wer „eine andere Person körperlich misshandelt oder an der Gesundheit schädigt". Die Diskussion, ob die physische Veränderung des Gehirns durch negative Lernerfahrungen im juristischen Sinne den Tatbestand erfüllt, können wir den Rechtsgelehrten überlassen. Für unsere Beschäftigung mit der Wirkung von Kommunikation zählt bereits das Wissen, dass verletzende Wortwechsel unser Gehirn verändern und unsere mentale Gesundheit massiv schädigen können. Es steht eine Menge auf dem Spiel, wenn wir miteinander reden!

Gelungene Kommunikation ist Entwicklung

Die gute Nachricht ist: Wenn wir unser Gehirn mit Lösungen beschäftigen, die unser Leben verbessern, die uns glücklich machen und unsere Beziehungen zu anderen bereichern, dann wird sich unser Gehirn in dieser Richtung ent-wickeln, das heißt, es wird sich von alten Verwicklungen befreien und neue, gesündere Verbindungen aufbauen. Dann wird die Neuroplastizität zur „Entwicklungshilfe" im besten Sinn.

Welche Lösungen beziehungsweise welche Gedanken wir dauerhaft bei uns einziehen lassen, entscheiden wir übrigens selbst. Sie müssen keinem negativen Glaubenssatz Wohnrecht geben und können Störenfrieden fristlos kündigen. Trainieren Sie Ihre Aufmerksamkeit darauf, zukünftig nur noch die Guten reinzulassen.

Wir entscheiden, ob wir uns in falschen Lösungen verwickeln oder uns mit richtigen ent-wickeln!

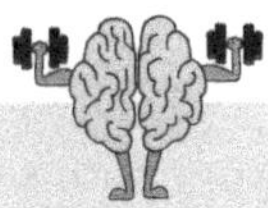

Aufheben oder loswerden?

Ein guter Gradmesser für den Wert einer Lösung sind folgende Fragen:

- Macht mich dieser Gedanke glücklich, oder nicht?
- Fühlt sich dieser Gedanke gut und richtig an?
- Welche positive(n) Emotion(en) löst dieser Gedanke in mir aus?
- Will ich mich weiter mit diesem Gedanken beschäftigen?
- Bringt mich der Gedanke weiter und führt zu einem neuen Verständnis – oder bestätigt er lediglich Haltungen, die ich bereits eingenommen habe?
- Wird es mein Gegenüber glücklich machen, wenn ich diesen Gedanken teile?

Kommunikation braucht Aufmerksamkeit

Natürlich wird nicht jeder einzelne Austausch zwischen Menschen zu einer „shape-changing Interaction", die uns und unseren Blick auf die Welt nachhaltig verändert. Fragt jemand auf der Straße nach dem Weg zum Bahnhof, dann werden Sie – sollte Ihnen die Strecke vertraut sein – nicht lange nachdenken und sagen, wo es langgeht, und der Fremde wird davonziehen. Wenn Sie sich bei der Gelegenheit nicht gerade Herz über Kopf verlieben, wird diese kurze Begegnung kaum einen Einfluss auf den restlichen Verlauf Ihres Lebens oder die Struktur Ihrer grauen Zellen haben.

Es gibt aber durchaus auch vermeintlich kleine Aussagen, die uns tage- und wochenlang beschäftigen, die gesunde oder zumindest funktionierende Beziehungen erodieren lassen und ganze Erdrutsche von Folgekommunikationen und Missverständnissen auslösen. Die im Interview aus dem Ärmel geschüttelte Antwort löst einen Skandal aus. Der eine unbedachte Kommentar in den sozialen Medien kommt als Shitstorm zurück. Ein einziger Satz in einer vierzigminütigen Rede stellt alles Gesagte wieder in Frage. Die impulsive Bemerkung gegenüber dem Lebenspartner wird zur Initialzündung einer Auseinandersetzung, die das eigene Lebensglück bedroht … Das sind keine Ausnahmefälle unserer Alltagskommunikation, im Job wie im Privaten. Es sind die zahllosen Normalfälle.

Miteinander reden ist häufig eine shape-changing Interaction, die die Struktur unseres Gehirns, unseren Blick auf die Welt und unsere Beziehungen verändern kann.

Wir sind also in jeder einzelnen Kommunikationssituation gut beraten, innezuhalten und zu überlegen:

1. *Was* will ich erreichen, wenn ich rede?
2. *Was* muss ich sagen, um mein Ziel zu erreichen?
3. Will ich die Person *sein*, die das sagt?

Sollten Sie sich fragen, wie das mitten im Gespräch funktionieren kann mit dem Innehalten und Überlegen, dann ist auch in diesem Fall die Neuroplastizität die gute Nachricht. Wir können die Art und Weise ändern, in der wir mit anderen reden. Die einzige nachhaltige Dummheit an einem fahrlässig dahingesprochenen Satz, der andere verletzt und unsere Beziehungen gefährdet, ist die nachgeschobene Erklärung „So bin ich halt!". Immer wieder begegnen wir Menschen, die einen seltsamen Stolz darüber pflegen, dass sie anderen laufend auf die Zehen treten. Sie sehen das als Zeichen ihrer Offenheit. Aber das ist ein fadenscheiniges Feigenblatt. Es offenbart mehr, als es verbirgt. Wenn wir andere mit unserer „Offenheit" verletzen, verletzen wir auch unser eigenes Bedürfnis nach Verbundenheit. Das muss nicht sein. Und die Entschuldigung, dass man halt so sei, gilt nicht! Niemand ist „so". Wir verändern uns laufend.

Spannend ist, welche Entscheidungen wir treffen, die diese Veränderungen prägen.

Sind Sie bereit, neue Lösungen für Ihre Alltagskommunikation abzuspeichern? Ihr Gehirn ist dafür gebaut. Sie entscheiden, wie Sie kommunizieren.

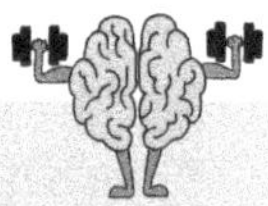

Zufall oder Zielerreichung?

Betrachten Sie die letzten bedeutungsvollen Gespräche, die Sie geführt haben. Dazu legen Sie sich eine Tabelle an:

- Tragen Sie in der ersten Spalte jeweils das Thema des Gesprächs ein.
- Dann versuchen Sie sich an konkrete Begriffe zu erinnern, die gefallen sind, und notieren Sie diese in die zweite Spalte.
- Was hätten Sie sich als Ausgang des Gespräches gewünscht? Das kommt in die dritte Spalte.
- Und schließlich – vierte Spalte: Was ist bei dem Gespräch tatsächlich herausgekommen?

Vergleichen Sie die vier Spalten: Was haben Thema, Begriffe, Wünsche und Ergebnisse miteinander zu tun? Gehören sie zusammen?

THEMA Worüber wurde gesprochen?	**BEGRIFFE Welche Begriffe sind gefallen?**	**WÜNSCHE Welchen Gesprächsausgang hätte ich mir gewünscht?**	**ERGEBNIS Wie ist das Gespräch ausgegangen?**
„Hast du Lust, heute Abend zusammen beim Italiener zu essen?"	„Lust", „zusammen", „was essen", „Italiener"	Essen gehen ja, Italiener nein, lieber zum Griechen!	Mit einem Missverständnis: Habe gesagt, ich habe keine Lust auf Italiener, meine Partnerin verstand, dass ich keine Lust habe, mit ihr Essen zu gehen.

Kommunikation ist eine Schlüsselkomponente unseres täglichen Lebens und all unserer Beziehungen, die mit hohen Risiken, aber auch mit Chancen verbunden ist. Leider neigen wir dazu, diese Tragweite zu unterschätzen, und überlassen die Resultate unseres Austauschs mit anderen dem Zufall.

Worüber wir reden, wie wir es sagen und welche Ziele wir damit erreichen, sollten aber keine Zufallsprodukte sein. Es sind Dinge, die wir selbst entscheiden können und entscheiden müssen. Und wir haben diese Möglichkeit, durch Reflexion und Anpassungen unserer Kommunikationsgewohnheiten ein enormes Potenzial aus zwischenmenschlicher Verbundenheit und Kooperation auszuschöpfen. Fangen wir jetzt damit an.

2 Vom Kopf ins Herz: Emotionen sind die Essenz jeder Botschaft

Das größte Missverständnis über menschliche Kommunikation ist, dass sie eine Kopfsache sei. Das ist sie nämlich nicht, auch wenn äußerlich vieles darauf hindeutet: Wir formen Worte in unserem Mund, die wir uns zuvor in unserem Gehirn zurechtgelegt haben. Diese Worte dringen bei unserem Gesprächspartner ins Ohr, werden in seinem Gehirn verarbeitet und möglicherweise als Information dort abgespeichert. Zugegebenermaßen findet all das tatsächlich zwischen Köpfen statt.

Spannend ist aber nicht die Frage, *wo* die Geräusche gemacht oder empfangen werden, die wir für Kommunikation halten, sondern *wie* sie wirkt. Wenn Sie von einem Pfeil getroffen werden, überlegen Sie dann, aus welchem Material dieser wohl geschnitzt ist, wer ihn hergestellt hat und was sein typische Flugverhalten ist? Diese Fragen mögen für einen Sportbogenschützen interessant sein, für Sie als Getroffene bewegen Sie sich aber nicht auf der *Wirkebene* des Pfeils. Die liegt woanders, das Geschoss geht schließlich unter die Haut! Sie werden eher fragen: Wie intensiv ist der Schmerz und wie lange wird er anhalten? Wurde ein inneres Organ verletzt? Löst die Verletzung eine Infektion oder gar eine Vergiftung aus? Kurz gesagt, bringt es mich um oder nicht?

Warum wenden wir dieselben Fragestellungen, die uns bei einer physischen Verletzung sofort und intuitiv einfallen, nicht mal bei Worten an, die unter die Haut gehen?

- Tut das weh?
- Bin ich verletzt?
- Welche Auswirkungen hat diese Kommunikation für mich?
- Verändert oder vergiftet diese Botschaft mein Verständnis von Zusammenhängen in meinem Leben?

Oder, wenn ich der Absender einer Botschaft bin:

- Werden dich meine Worte möglicherweise verletzen?
- Was sind die Folgen meiner Botschaft für dein Verständnis unserer Beziehung?

Natürlich lassen sich diese Fragen auch konstruktiv und positiv stellen:

- Werden meine Worte für dich eine positive Bereicherung sein?
- Werden sie dafür sorgen, dass du dich gut fühlst?
- Vertiefen und verbessern sie unsere Beziehung zueinander?
- Werden meine Worte unser Miteinander nachhaltig positiv verändern?

Wenn die Wirkebene von Kommunikation nicht der Verstand ist, wenn sie also *keine* Kopfsache ist, sondern unsere Gefühle anspricht, dann sind dies die richtigen Fragestellungen. Zwei wichtige Zusammenhänge sprechen dafür, dass Kommunikation in erster Linie emotional wirkt. Schauen wir uns beide an!

Kommunikation wirkt emotional: Nur was uns berührt, wird zur Information!

Barak Obama, der frühere US-Präsident und gemeinhin als Ikone kommunikativer Fähigkeiten gefeiert, erinnert sich in seinen Memoiren an seinen ersten Auftritt in einer TV-Debatte mit den anderen Bewerbern um die Präsidentschaftskandidatur der Demokratischen Partei. Obama war bestens vorbereitet und breitete Fakten um Fakten zu seinen wichtigsten politischen Positionen vor dem Publikum aus. Man wollte ihn mögen, aber er ließ einem kaum eine Chance. Das geflügelte Wort „I wouldn't vote for him if he was running for dog-catcher" kam in den Sinn („Selbst wenn er als städtischer Hundefänger antreten würde, würde ich den nicht wählen"). Anschließend dämpfte sein Kommunikationsberater Obamas Begeisterung darüber, dass er alles für ihn Wichtige losgeworden war mit einer der weisesten Aussagen über Kommunikation: „Menschen begeistern sich nicht für Konzepte, Menschen begeistern sich für Gefühle."

Was soll das denn? Wir sind doch alle vernünftige Leute!

Wirklich? Unterziehen wir unsere Begabung als Vernunftwesen mal einer kurzen Prüfung, fällt schnell auf: Unser Gehirn ist ein Meister darin, Informationsangebote auszusortieren, und nur was uns emotional berührt, durchdringt seinen Filter. Das heißt, auch die sachlichste Information muss emotional etwas beim Empfänger auslösen, damit dieser sie als Botschaft überhaupt annimmt (mehr dazu in Kapitel 4 ab S. 81).

Wir öffnen uns nur dann für Input von außen, wenn wir emotional dazu motiviert sind. Wenn uns zum Beispiel eine Botschaft Angst macht, suchen wir umgehend nach Informationen über die drohende Gefahr. Unser Alarmzentrum im Gehirn, die vielzitierte Amygdala, sorgt dafür, dass diese Aufgabe Vorfahrt vor allen anderen Informationsangeboten bekommt. Dieser Mechanismus schützt uns, denn er stellt sicher, dass wir uns einer potenziellen Bedrohung mit höchster Priorität widmen. Mit anderen Worten: Wenn Ihr Haus brennt, lässt es Ihr Gehirn in der Regel nicht zu, dass Sie sich noch die Krawatte binden oder die Zehennägel lackieren. Und Sie werden auch nicht vorher noch flink Tolstois *Krieg und Frieden* schmökern, mit der Begründung, dass es eine kulturelle Verfehlung wäre zu verbrennen, ohne dieses wichtige Werk der Weltliteratur gelesen zu haben. Das wären einfach die falschen Prioritäten. Wenn die Hütte brennt, fällt Tolstoi aus.

Aber der emotionale Berührungspunkt muss nicht weh tun, er muss nicht negativ sein. Im Gegenteil! Auch positive Emotionen öffnen die Tür zu unserer Wahrnehmung. Wenn uns etwas optisch gut gefällt, wenn es schön klingt, gut riecht oder angenehme Gefühle verspricht, dann öffnen wir uns für die Informationen, die hinter diesem emotionalen Impuls stecken.

Kommunikation wirkt emotional: Wir leben in acht Milliarden Wahrnehmungswelten!

Menschen sind hochemotionale Wesen. Wir nehmen jede Situation, die wir erleben, vor dem Hintergrund unserer eigenen Prägungen, Erfahrungen und abgespeicherten Lebenslektionen auf. Das heißt, die Realität, wie wir sie wahrnehmen, ist nicht *die* Realität. Sie ist *unsere* Realität, ganz individuell. Bei knapp acht Milliarden Menschen auf dieser Erde macht das acht Milliarden Realitäten. Wenn Ihnen also das nächste Mal jemand erklärt, er oder sie sei „Realist“, dann wissen Sie, dass dieser Mensch nichts begriffen hat. Wer glaubt, dass so, wie er die Welt sieht, diese Welt auch sei, hat den Pfad der Weisheit auf spektakulärste Art und Weise verlassen.

Darüber hinaus neigen wir dazu, zu glauben, dass wir uns diese Welt der Dinge und Erfahrungen teilen. Aber auch das trifft so nicht zu. Die große Gemeinsamkeit, die wir als Menschen haben, sind vielmehr unsere Gefühle: Wir alle empfinden Freude, Dankbarkeit, Liebe und Hoffnung, Angst, Wut, Trauer und Ekel. Und es sind unsere Emotionen und die Art und Weise, wie wir sie erleben, die einen schnellen und individuellen Handlungsimpuls in uns auslösen. Erst danach suchen wir nach vernünftigen Gründen für unser Handeln und unsere Reaktionen.

Beobachten wir einen Investor bei der Lektüre des Wall Street Journal *oder der* Financial Times. *Für ihn sind die Inhalte dieser Zeitungen hochemotionale Botschaften. Es geht hier um sein Geld und darum, ob er sein Vermögen vermehrt oder verspielt. Das heißt, auch wenn die Inhalte dieser Finanzpublikationen sehr sachlich und faktenlastig sind, ist ihre Wirkung für diesen Leser sehr emotional. Demgegenüber berühren dieselben Inhalte denjenigen, der außerhalb seines Kühlschranks kein Geld investiert hat, überhaupt nicht. Sie haben null emotionale Wirkung und er oder sie wird sich mit der Sachebene gar nicht erst auseinandersetzen.*

Für unsere Kommunikation bedeutet das, dass wir uns immer der *emotionalen Wirkung* bewusst sein sollten, die wir erzielen wollen. Sonst wird das Gesagte beim Empfänger unserer Botschaft entweder gar nicht oder falsch ankommen. Wenn wir einer Person Angst machen oder ihren Zorn wecken, hat sie kaum noch eine Chance, rational zu reagieren. Sie wird erschrocken oder wütend sein, und das wird unsere Kommunikation negativ beeinflussen.

Andererseits ... wenn eine Kommunikation beim Empfänger eine positive Emotion weckt, zum Beispiel Hoffnung, Freude oder ein Lustgefühl, dann wird er oder sie uns zuhören und auch für die faktischen Informationen empfänglich sein, die wir transportieren wollen.

Wenn eine Botschaft uns emotional berührt, dann nehmen wir auch die sachlichen und faktischen Inhalte als Information an.

Denn sie wissen nicht, was sie fühlen

In einem Experiment haben Wissenschaftler der Universität Würzburg untersucht, inwiefern die Art und Weise, in der ein Text vorgetragen wird, die Stimmung von Probanden verändert. Den Studenten wurde ein hochkomplexer (und ehrlich gesagt nicht eben fesselnder Text) des britischen Philosophen David Hume vorgelesen. Einmal in einer fröhlich-freundlichen Kadenz und einmal in einer ernsthaft traurigen. Gleichzeitig sollten die Testpersonen eine einfache manuelle Aufgabe verrichten. Während diese Ablenkung ein inhaltliches Verständnis des Textes verhinderte, scheint die emotionale Stimmung durchaus angekommen zu sein. Die Testpersonen, die die glückliche Variante hörten, zeigten sich glücklicher. Den anderen hatte die gedrückte Stimmung des Vortrages die Laune vermiest.

Interessanterweise war den Testpersonen in diesem Experiment nicht bewusst, dass oder inwiefern sich ihr emotionaler Zustand verändert hatte. An dieser Stelle steht das große Warnschild in dieser Geschichte:

Weder wenn wir zuhören noch wenn wir reden, sind wir uns unserer Gefühlslage immer bewusst.

Das gilt übrigens für uns alle, nicht nur für jene, die durch ihr emotionales Leben katapultiert werden wie die Kugel in einer Flippermaschine.

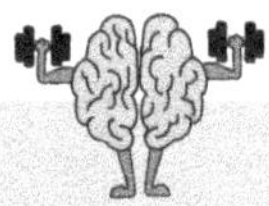

War da was?

Denken Sie zurück an die letzte Kommunikation, die Sie berührt hat und die Sie als Information aufgenommen haben. Nun fragen Sie sich:

- Wie hat mich die Kommunikation berührt und welche Emotionen hat sie ausgelöst?
- Wie hat diese emotionale Wirkung meine Wahrnehmung der angebotenen Informationen beeinflusst?

Sie können diese Übung zu einer guten Angewohnheit machen. Je bewusster wir uns der emotionalen Wirkung von Kommunikation sind und ihrer Auswirkung auf unsere Wahrnehmung, umso achtsamer werden wir mit diesen Wirkungen umgehen, sowohl als Empfänger wie auch als Absender von Informationen.

Was will ich emotional bewirken?

Wenn Kommunikation in erster Linie emotional wirkt, dann ist es nur schlüssig, dass die Frage nach der gewünschten emotionalen Wirkung die erste sein muss, die wir uns stellen, wann immer wir kommunizieren wollen. Das ist eine Einsicht, die auf viele Menschen verstörend wirkt: „Ich *soll* emotional sein? Ich habe mein ganzes Leben damit verbracht, meine Gefühle zu beherrschen und sie zu verstecken. Ich bin ein Realist und ein Faktenmensch. Ich kann nicht einfach emotional sein, schon gar nicht mit Fremden, mit denen ich keine emotionale Beziehung habe!"

In meinen Coachings höre ich diese Vorbehalte immer wieder. Seit mehr als einem Vierteljahrhundert helfe ich Führungskräften aus der Wirtschaft, öffentlichen Unternehmen und der Politik, ihre Botschaften wirksamer zu gestalten. Manchmal sind es Mitteilungen an die Öffentlichkeit, ein anderes Mal an Mitarbeiter. Besonders Führungskräfte erliegen dem Irrtum, dass „vernünftig sein" heißt, rational, nüchtern, pragmatisch zu sein – nur bloß nicht emotional! Viele von ihnen verweigern die affektive Dimension in ihrer Kommunikation komplett und fokussieren sich stattdessen auf rein sachliche Argumentationen.

Diese Flucht ins Reich der Vernunft ist aber unvernünftig! Es verhindert funktionierende Kommunikation in Form eines echten Austauschs. Das kann teuer werden. So verpuffen wichtige politische Botschaften, Mitarbeiter fühlen sich allein gelassen und Kunden kritisieren die Informationspolitik von Unternehmen. Außerdem ist die Konzentration auf die Vernunft ungesund. Viele Führungskräfte leiden unter der Einsamkeit, mit der Führungspositionen zwangsläufig ausgestattet zu sein scheinen. Das ist aber nur ein Schein, es gibt keinen Zwang, menschliche Emotionen zugunsten einer nahezu militanten Rationalisierung außer Acht zu lassen und so auch die eigenen emotionalen Bedürfnisse zu vernachlässigen.

Rational betrachtet – zum Beispiel im Zusammenhang unserer Wirtschaft – ist eine „Rationalisierung" nichts anderes als die Steigerung der Effizienz durch Senkung von Kosten und Aufwand. Wer sich jedoch die tatsächlichen Kosten solcher „Rationalisierungen" anschaut, vom Aufwand ihrer organisatorischen Durchsetzung bis hin zum emotionalen Flurschaden bei den Beschäftigten durch Personal-„Einsparungen", der mag Zweifel bekommen, wie vernünftig sie wirklich sind. Diese Misere lässt sich auch in der „Rationalisierung" unserer Kommunikation erkennen. Hier bedeutet es oft einfach, dass wir den Aufwand scheuen, uns auf die emotionale Ebene einzulassen. Wie bei vielen Rationalisierungen in Unternehmen geht auch im zwischenmenschlichen Austausch etwas verloren und oft wird nichts gewonnen.

Trotzdem verweigern wir dem wichtigsten Motivator menschlichen Handelns und menschlicher Wahrnehmung – der Emotionalität – Aufmerksamkeit und Anerkennung. „Emotional" ist für viele die böse Schwester von „vernünftig". Wie oft hören wir den Vorwurf „Sei doch nicht so emotional!", haben ihn vielleicht sogar selbst ausgesprochen. Ist dieser Vorwurf sinnvoll? Mir erscheint er bedeutungsgleich mit „Sei doch nicht so menschlich!“. Wenn wir die Gefühle aus unserer Kommunikation auszublenden versuchen, weil wir „vernünftig“ sein wollen, versuchen wir den wichtigsten Motivator für menschliches Handeln zu ignorieren.

Wir erkennen zwar an, dass Irren menschlich ist, also die Fehlerhaftigkeit des Vernünftigen. Aber unsere Gefühle als wichtiger Treiber menschlichen und gesellschaftlichen Handelns gelten als minderwertig neben der reinen Vernunft. Die Emotionsverweigerung ist fest etabliert in unserem Zusammenleben. Und das gilt vor allem für die Welt der Wirtschaft und unser professionelles Agieren.

Diese Überzeugung ist so häufig, dass man meinen könnte, sie sei normal. Das ist sie aber nicht. Sie ist eine *déformation professionelle,* die sich mit der Dominanz des Arbeitslebens über unseren Alltag in unsere Privatleben geschlichen hat, eine Spätfolge der Aufklärung, die die Ratio in den Mittelpunkt menschlichen Handelns und auch menschlicher Identität stellt. Die Ablehnung der emotionalen Dimension menschlicher Beziehungen ist ein gesellschaftliches Phänomen moderner, westlich geprägter Gesellschaften. Sie ignoriert zwei wichtige Fakten:

1. Alle menschlichen Begegnungen und Beziehungen werden wesentlich von den Gefühlen der Beteiligten geprägt.
2. Diese emotionale Ebene zu ignorieren ist zutiefst unvernünftig und widerspricht so dem Bestreben, sich von der Vernunft leiten zu lassen!

Wer die emotionale Dimension des menschlichen Wesens ignoriert, oder besser, zu ignorieren versucht, der verhält sich wie der Arzt, der die mentale Gesundheit seines Patienten ausblendet und nur seine physischen Symptome behandelt. Dabei ist der Kampf gegen unsere Emotionen ein hoffnungsloser! Emotionen sind stärker. Die „Pille“ der Sachlichkeit bleibt machtlos gegen die Intensität von Angst, Trauer und Wut oder Freude, Hoffnung und Liebe.

Wenn wir einem Kind sagen „Hör auf zu weinen!“, funktioniert das nicht, hat noch nie funktioniert. Und zwar nicht, weil Kinder so unvernünftig wären, sondern weil die Erwachsenen, die so etwas sagen, zutiefst unvernünftig handeln. Das Weinen des Kindes ist eine Gefühlsäußerung, nicht die Äußerung eines falschen Verständnisses. Wer das ignoriert, zahlt einen hohen Preis: Die Verbindung reißt ab, das Kind fühlt sich allein, der Erwachsene unverstanden.

Genauso wenig lässt sich eine positive Emotion rationalisieren.

Versuchen Sie mal, einen frisch Verliebten „zur Vernunft“ zu bringen! Das ist der letzte Ort, an dem er sein will. Oder einen Mitarbeiter, der eine gute Idee hat, mit dem Hinweis auf die Kosten der Umsetzung zu bremsen. Das wird keinen Erfolg haben. Eher laufen Sie Gefahr, den Mitarbeiter zu verlieren – oder zumindest sein Engagement.

Sie sehen an diesem Punkt: Emotional intelligente Kommunikation ist gerade wegen ihrer gefühlswirksamen Dimension eine äußerst vernünftige, hoch effektive und sehr viel Disziplin erfordernde Methode. Und weit entfernt von affektiv aufgeladenen Stuhlkreisen. Denn wer emotional wirken will, muss dabei nicht emotional sein (mehr dazu ab S. 160)! Emotional intelligente Kommunikation erfordert etwas, das wir mit unseren Gesprächsgewohnheiten – Hand auf Herz! – nur selten verfolgen: ein systematisches, zielstrebiges und diszipliniertes Vorgehen. Um besser miteinander zu reden, müssen wir Gewohnheiten ändern. Wir müssen aufhören, nach dem Zufallsprinzip miteinander zu sprechen, nach dem Motto: „Woher soll ich wissen, was ich denke, bevor ich höre, was ich sage!"

Wir brauchen einen Plan

Verstehen Sie mich bitte nicht falsch. „Einfach mal was zu sagen" kann etwas Wunderbares sein. Es gibt Situationen, in denen wir uns ganz sicher fühlen können, und Menschen, denen wir uneingeschränkt vertrauen dürfen. In solchen Situationen und mit solchen Menschen können wir uns Dinge „von der Seele reden" und frei drauflos schwatzen, weil wir keinen Schutz benötigen. Und weil wir den anderen so gut verstehen, braucht auch er vor uns keinen Schutz. Liebesgeflüster im besten Sinne! Der Satz „Ich kann mir nicht vorstellen, dass du irgendetwas sagst oder tust, das mich dazu bringen könnte, dich nicht mehr zu lieben", ist die zärtlichste und klügste Liebeserklärung. Aber das ist mitnichten der kommunikative Normalfall, sondern ein eher seltenes Geschenk, das es nur als Belohnung gibt für eine zuvor gelungene, emotional intelligente Kommunikation.

Immer, wenn es im Austausch schwierig wird – ob im Wortwechsel mit dem Partner, im Eltern-Kind-Dialog mit einem Teenager oder im Personalgespräch, ob in der Unterredung mit dem Vorstand oder mit der Öffentlichkeit –, wir wollen und müssen wissen, *was wir tun*. Wir brauchen ein Bewusstsein für die Situation und einen Plan, was wir emotional erreichen wollen und was wir sagen müssen, um dahin zu gelangen. Wir benötigen die richtige Formulierung, die richtigen Begriffe, die richtige Haltung, um die richtige emotionale Wirkung zu erzielen. Kurzum: Wenn Kommunikation gelingen soll, muss sie mit großer Achtsamkeit vorgenommen und umgesetzt werden.

Beginnen wir mit dem Bewusstsein für die Situation. Hier geschehen oft schon die ersten Fehler. Denn anders als der Textentwurf für die nächste Rede oder die Vorsätze für ein persönliches Gespräch, beginnt unsere Kommunikation in Wirklichkeit nie auf einem weißen Blatt. Im Gegenteil: Das Buch unseres Austausches mit unseren Mitmenschen ist ein Sammelband, und er ist bereits dicht beschrieben mit allem, was wir jemals gehört und gesagt haben.

Wir fangen nie bei null an: Alles, was wir sagen, wird vor dem Hintergrund persönlicher Lernerfahrungen gesagt – unserer eigenen und der unserer Gesprächspartner.

Insofern ist jede Kommunikation persönlich. Egal, wie professionell und sachlich es zugeht. Unsere Gesprächspartner bringen sich mit ihrer ganzen Person ein, ebenso wie wir selbst. Egal was wir sagen, wir sagen damit immer auch, wer wir sind. Wir entäußern uns. Unsere nächste Kommunikation ist Teil einer größeren Dynamik, in der wir bereits gefangen sind und aus der wir uns zuerst befreien müssen, bevor wir entscheiden, was wir eigentlich sagen wollen.

Warum kommunizieren wir eigentlich? Weil wir es können (im Sinne von „die Gelegenheit haben“, nicht wie „die Fähigkeit haben“). Oder weil wir damit ein bestimmtes Ziel erreichen wollen. Beide Antworten sind legitim. Sie beliefern allerdings sehr unterschiedliche Bedürfnisse und Vorhaben. Kommunikation, *weil wir es können,* dient durchaus unserem tiefsitzenden Bedürfnis nach Verbundenheit mit anderen Menschen. Miteinander reden gibt uns dieses Gefühl, Teil einer Gemeinschaft zu sein, dazuzugehören. Das fühlt sich gut an.

Aber nur Kommunikation, *weil wir ein Ziel erreichen wollen,* kann unsere beiden Grundbedürfnisse gleichermaßen befriedigen, nach Verbundenheit *und* Autonomie. In dieser Situation ist es nicht mehr egal, was wir sagen. Nun hat unsere Kommunikation eine Absicht. Damit sind wir bei der Frage: „Was will ich sagen?“

Was kann ich sagen?

Die Fragestellung „Was kann ich sagen?" ist passiv, reaktiv und häufig defensiv. Die Unterscheidung zwischen „Was *kann* ich sagen?" und „Was *will* ich sagen?" mag auf den ersten Blick semantisch wirken und scheint kaum mit Bedeutung in der Wirklichkeit gesegnet. Das ist aber eine optische Täuschung. Und zwar eine, der wir uns allzu gerne hingeben, weil es – wie Sie sehen werden – erheblich unbequemer ist, sich bewusst die Frage zu beantworten „Was *will* ich sagen?", als einfach nur zu sagen, was man sagen *kann*.

Habe ich Sie schon verwirrt? Keine Sorge, es ist halb so kompliziert. Wenn wir uns fragen: „Was *kann* ich sagen?", sind wir bereit, das, was wir sagen, daran auszurichten, was die Umstände zulassen und vielleicht sogar nahelegen. Daran, was andere erwarten oder einfordern, und daran, was mehr oder weniger zufällig im rhetorischen Angebot ist. Die Situation oder andere Menschen, die andere Ziele haben oder unsere Botschaften falsch verstehen könnten, diktieren, was wir sagen – und beeinflussen damit auch unsere Gefühlslage. Wir sind in unserer Kommunikation passiv und *reagieren* nur, anstatt aktiv und konstruktiv zu *agieren*. Wer bei der Frage „Was kann ich sagen?" stehenbleibt, gerät darum auch immer wieder in die Defensive.

Es ist erstaunlich, wie viele Führungskräfte jeden Tag bereit sind, auf diese Art kommunikativ das Ruder aus der Hand zu geben. Es ist traurig, wie viele Menschen jeden Tag bereit sind, wichtige zwischenmenschliche Beziehungen aufs Spiel zu setzen. Weil sie einerseits ungehalten aggressiv auf Kritik reagieren oder sich leise in Erwartungen fügen.

Wenn in einem Unternehmen eine Führungskraft mit dem Mitarbeiterstab kommunizieren muss, ist das oftmals vergleichbar mit dem, was die NATO den Verteidigungsfall nennt.

Wer hingegen die fokussierte Frage „Was *will* ich sagen?" an den Anfang stellt, verändert seine Art zu kommunizieren grundsätzlich. Denn diese Frage bedeutet: Ich bin bereit, Verantwortung zu übernehmen für das, was meine Worte bewirken. Ich argumentiere nicht im Hamsterrad der unendlich perpetuierten Aktionen und Reaktionen, sondern hier und jetzt und mit einem erkennbaren Ziel.

Viele werden jetzt denken: „Das mache ich doch!"

Tatsächlich? Überprüfen Sie doch mal, ob Sie Ihre Kommunikation wirklich mit der „Was will ich sagen"-Frage planen – oder ob Sie sich nur anschauen, was Sie alles sagen *könnten,* und sich dann für eine dieser Varianten entscheiden.

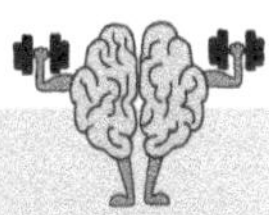

Können und wollen

Aller Wahrscheinlichkeit nach müssen Sie demnächst mit irgendjemandem über irgendetwas reden (das ist ja fast immer so). Nutzen Sie diese Gelegenheit, ein Gespräch bewusst aktiv zu gestalten und es nicht reaktiv von den Umständen bestimmen zu lassen.

Teilen Sie dazu ein leeres Blatt Papier in zwei Spalten. Auf der linken Seite schütteln Sie Ihren Ärmel aus: Notieren

Sie, ohne lange zu überlegen, was Sie in der anstehenden Gesprächssituation sagen könnten.

Nun beantworten Sie in der rechten Spalte folgende Fragen:

- Was bringe ich emotional ins Gespräch mit?
- Was bringt mein Gegenüber emotional mit?
- Was will ich emotional bewirken?
- Was muss ich dazu sagen?

Was könnte ich sagen?	Was will ich sagen?
• Ich könnte meinen Mitarbeitern für den Einsatz im vergangenen Jahr danken. • Ich könnte auf das erfolgreiche vergangene Jahr hinweisen. • Ich könnte darauf hinweisen, dass es im nächsten Jahr schwerer wird. • Ich könnte zu einer noch einmal verstärkten Anstrengung im nächsten Jahr aufrufen.	**Was bringe ich mit:** • Freude und Dankbarkeit über das Vorjahresergebnis. • Sorgen angesichts der schwierigen Lage im kommenden Jahr. **Was bringen die Mitarbeiter mit:** • Freude über den Erfolg. • Sorgen angesichts des kommenden Jahres. • Erschöpfung • Bedürfnis nach Wertschätzung und Vertrauen **Was will ich emotional bewirken?** Positive Motivation **Was muss ich dafür sagen?** „Danke für den gemeinsamen Erfolg! Ich bin sicher, dass wir es auch im kommenden Jahr wieder schaffen.“

Vergleichen Sie anschließend beide Versionen.

Sie sehen in dieser beispielhaften Liste: Was wir sagen können, ist nicht immer, was wir sagen sollten, wenn wir das Ziel unserer emotionalen Wirkung im Auge behalten. Der Hinweis, dass es nächstes Jahr schwieriger wird, und der Aufruf zu verstärkten Anstrengungen würden die positive Motivation zunichtemachen. Sie würden Angst verbreiten, verbunden mit einer impliziten Drohung: „Wenn ihr euch nächstes Jahr nicht noch mehr anstrengt, dann…" Damit würde unsere beabsichtigte Wirkung verpuffen. Daran würde auch der Dank für die Leistungen des vergangenen Jahres nichts ändern, denn die Alarmmeldung würde sich in der Wahrnehmung der Meisten durchsetzen.

In den meisten Fällen wird das, was wir sagen *können,* und das, was wir sagen *wollen,* sich unterscheiden. Das liegt auch daran, dass unser Gehirn es sich gerne leicht macht. Bei jeder Herausforderung sucht es den schnellsten und energiesparendsten „Druckausgleich". Leider führt das allzu oft dazu, dass wir die erstbeste Lösung abspeichern – also was wir sagen können! – und nicht notwendigerweise die beste – was wir sagen wollen.

Besonders schwierig wird es für uns in Situationen, in denen wir emotional angefasst sind. Wir sind vielleicht wütend und empört angesichts einer Ungerechtigkeit oder wir haben Angst vor einer möglichen Entwicklung. In einem solchen emotionalisierten Zustand ist es alles andere als einfach, „vernünftig", also emotional intelligent, zu kommunizieren (mehr dazu ab S. 160).

Eichhörnchen auf Speed

Jeden Tag finden tausende von Teamsitzungen statt, bei denen keiner der Beteiligten so genau weiß, was dabei herauskommen soll. Runden, in denen sehr wortreich *nicht* miteinander geredet wird, nach dem Motto „Es ist alles gesagt, aber noch nicht von allen". Mitarbeiter versuchen zu erahnen, wo Vorgesetzte inhaltlich hinwollen, und neigen dazu, sich deren Haltung anzupassen. Führungskräfte fühlen sich angegriffen, weil Mitarbeiter Führung einfordern.

Jeden Tag setzen sich Paare zusammen und sagen „Wir müssen reden" und tun genau das nicht. Sie bewegen sich umeinander wie Boxer, die sich nicht aus der Deckung trauen, bis der Erste einen Zufallstreffer landet, den anderen verletzt, und dann regieren nur noch Wut und Verlustangst.

Einer meiner Beratungskunden, ein marktführendes Unternehmen aus der Finanzindustrie, investierte Jahre und Millionen in eine kulturelle Veränderung, weg von einem patriarchisch und hierarchisch geprägten Unternehmen hin zum agilen und modernen Tech-Konzern mit schnellen Reaktionszeiten und flachen Hierarchien. Da das Kerngeschäft zunehmend von der IT geprägt war, war die Einführung einer Du-Kultur mehr als nur eine Geste.

Es dauerte Jahre, doch mit der Einstellung eines neuen, vergleichsweise jungen Sprechers der Geschäftsleitung schien der Prozess endlich am Ziel. Bis der neue Mann an der Spitze sich in einer Personalversammlung durch die Frage eines Mitarbeiters persönlich angegriffen fühlte. Das

Erstbeste, das ihm einfiel, war, vor versammelter Mannschaft zu zetern: „Was fällt Ihnen ein, mich zu duzen!“ Es war das Ende einer ernstgemeinten Du-Kultur. Angesichts der von ihm wahrgenommenen Respektlosigkeit des Fragenden hatte sein Gehirn nach der schnellen Lösung in der formalen Respektsbekundung durch das formale „Sie“ gesucht. Seine Worte waren die Antwort auf die Frage „Was kann ich sagen?“. Hätte er sich gefragt: „Was will ich sagen?“, wäre ihm gewiss etwas Klügeres eingefallen.

Solche kommunikativen Eigentore werden nicht nur in dynamischen oder kniffligen Situationen geschossen. Sie haben System im schlechtesten Sinne.

Ein Unternehmen, das sich angesichts einer Herausforderung die Frage stellt, was man sagen *könnte*, begibt sich in den mentalen Zustand eines etwas derangierten Eichhörnchens auf Speed. Es werden mit Hochdruck alle „Nüsse“ gesammelt, die sich irgendwie finden lassen, sprich die Organisation häuft alles an Wissen an, was ihr zur Verfügung steht, um auf die Herausforderung „Sag mal was“ zu antworten.

Stellen wir uns für einen schrecklichen Moment vor, ein Automobilhersteller würde in seinem Kerngeschäft so agieren. Die Frage, wie das neue Modell aussehen soll, würde damit beantwortet, dass alle verfügbaren Rohstoffe, Bauteile und Baugruppen auf einen Haufen geworfen würden, damit ein Techniker mit dem Diensteifer eines neugewählten Klassensprechers zum nächstbesten Werkzeug greifen und irgendetwas zusammenschrauben könnte. Möchten Sie das Auto kaufen, das dabei herrauskommt? Oder die Aktie dieses Herstellers? Wohl kaum.

Dieses „Derangiertes-Eichhörnchen-Syndrom", kurz DES, ist für eine gezielte und effektive Kommunikation extrem kontraproduktiv. Das Problem ist nämlich, dass die meisten Organisationen schlauer sind, als sie glauben. Also sammeln sie viel zu viel an möglichen Botschaften an. Die Eichhörnchen drohen in der selbstproduzierten Nuss-Flut zu ersticken.

Mit anderen Worten: Organisationen neigen dazu, ihr gesamtes Wissen auszuschütten, bis sie den Wald vor lauter Bäumen nicht mehr sehen. Die Konzentration auf Organisations-Wissen bewirkt zwangsläufig, dass die Kommunikation immer wieder im selben Denken und denselben Worten und Narrativen gefangen ist. So werden Fehler verfestigt und Lösungsmöglichkeiten übersehen.

Dazu kommt in großen Organisationen wie Konzernen oder Ministerien, dass sie keine homogenen Einheiten sind. Sie bestehen vielmehr aus verschiedenen, arbeitsteilig organisierten Abteilungen, die eine eigene Agenda verfolgen. Da ziehen Controlling, Design und Marketing zum Beispiel oft an unterschiedlichen Strängen und in sehr unterschiedliche Richtungen. Die Konzernstrategen haben eine andere Perspektive als die Verantwortlichen für regionale Märkte, und das Ministerbüro hat oft ein anderes Bild als die Auslandsvertretungen.

Nachdem alle möglichen und unmöglichen Stellen in der Organisation ihren Kommunikations-Wunschzettel geschrieben haben, geht es in die Abstimmung. Wer darf mit welchem Gewicht seine Nüsse in die Waagschale legen? Das ist ein Prozess, der erfahrungsgemäß gerne bis kurz vor Ablauf der Deadline für die Vorbereitung der Kommunikation dauert. Danach wirft ein Statthalter der Führungskraft das Ganze in einen digitalen Topf, rührt es nochmal mit eigenem Löffel um – immerhin hat dieser Mensch ja auch eine Agenda – und setzt es der Führungskraft als Vorbereitung ihrer Kommunikation vor.

An diesem Punkt geschieht etwas Vorhersehbares: Die Führungskraft schaut auf die entsprechenden Texte und – oh, Wunder! – es kommt ihm oder ihr bekannt vor! Das ist kaum erstaunlich, da die angesammelten Nüsse doch aus dem eigenen Eichhörnchennest kommen. Beruhigt wechselt unsere Führungskraft zum nächsten Thema, in der trügerischen Gewissheit, die anstehende Kommunikation sei vorbereitet. Er oder sie wird irgendwie irgendwas sagen, das entfernt mit den Inhalten der Vorbereitung zu tun hat, und was danach alles schiefgeht, daran ist jemand anders Schuld. Im Zweifelsfall liegt die Verantwortung bei den Adressaten der Kommunikation.

Das DES ist die Grundlage eines geschlossenen Systems mit hoher Selbsterhaltungskraft. Im besten Fall wird wenig ausgerichtet, im schlimmsten Fall Schaden angerichtet, aber nie lag es an der Vorbereitung oder am Redner oder Kommunikator. Immerhin hätte man mehr Nüsse kaum sammeln können. Was kann denn der Redner dafür, wenn die Zuhörer doof sind und es einfach nicht verstehen!

Wir sind alle derangierte Eichhörnchen auf Speed!

Das eifrige Sammeln von Nüssen ohne konkreten Zweck findet nicht nur in Organisationen und Unternehmen statt, sondern passiert genauso in unseren privaten Kommunikationen. Ob in der Diskussion über das nächste Urlaubsziel, als Antwort auf eine wohlgemeinte Kritik oder gar im Streit über „Was mir schon lange auf den Wecker geht". Wir verbalisieren Gedanken, oft völlig ungeprüft und ohne eine Sekunde des Nachdenkens über unsere Ziele und Absichten oder die Frage, was unsere Worte mit der Beziehung zu jenem Menschen anstellen, mit dem wir gerade reden. Wir sagen einfach, was wir sagen *können*.

Später heißt es häufig ohne ein Gramm Selbstreflexion: „Da gab ein Wort das andere." Dass unsere eigenen Worte das Resultat einer Gesprächsdynamik waren und eben nicht überlegt, dass wir also nicht Herr über unsere eigene Kommunikation waren ... dieses Eingeständnis will uns nicht in die Birne. Zu groß wäre die selbstfabrizierte Dissonanz im Gehirn. Und was nicht in die Birne geht, geht uns auch nicht über die Lippen.

Also adoptieren wir das, was uns die Situation und unser Bedürfnis nach einer schnellen rhetorischen Lösung in den Mund legt, anstatt der Worte, die wir sagen *wollten*. Im selben Moment wird das Gesagte dann Teil der Geschichte, mit der wir uns erklären, was gerade mit uns und innerhalb dieser jeweiligen Beziehung geschieht (mehr dazu ab S. 105). „Das hässlich Gesagte schönreden", mehr ist das nicht. Und es ist nichts anderes als das gelebte Prinzip „Was *kann* ich sagen?"

Eine solche Kommunikationsstrategie ist wie eine Schießerei im Dunkeln. Es wird wahrscheinlich jemand getroffen. Aber niemand weiß vorher, wer oder wie.

Manch eine oder einer wird nun mehr oder weniger nachsichtig lächeln und sich sagen: „Das macht mein Schatz auch immer!“ Mag sein. Aber nicht nur die anderen, *jeder* von uns rennt immer wieder in diese Falle: Insbesondere in emotional aufgeladenen Situationen reden wir wild drauflos, ohne ein Ziel definiert zu haben oder zu wissen, was wir eigentlich erreichen wollen.

Aber das Ziel dieser Reise ist ja nicht, uns gegenseitig zu zeigen, wie idiotisch wir uns oft verhalten. Was wir hier gemeinsam erreichen wollen, ist eine *andere* Art von Kommunikation. Ein *miteinander* Reden, das sich auf klare Ziele fokussiert. Das nicht von Vorgeschichten und wahrgenommenen Erwartungshaltungen und der Dynamik der jeweiligen Situation getrieben ist, sondern von dem Wunsch und dem Bestreben, uns gegenseitig zu helfen. Wenn wir erfolgreich und zielgerichtet kommunizieren, helfen wir uns selbst und den anderen, unsere Leben (stress-)freier und besser zu gestalten. Und wir stärken das Miteinander, unsere Gemeinsamkeiten, was das Zusammenleben bedeutend erfreulicher macht.

Von alten Mustern zu neuen Wegen

Wenn unsere Worte immer in erster Linie emotional wirken und wenn wir die Frage beantworten wollen, was wir sagen wollen, dann müssen wir entscheiden: Was will ich emotional ausrichten, welche emotionale Wirkung strebe ich an? Das ist der erste einer Reihe von wichtigen Paradigmenwechseln, die uns eine neue Sicht auf unsere Kommunikation eröffnen. Dann werden wir von derangierten Eichhörnchen zum kommunikativen Fuchs, der clever sein Ziel erreicht.

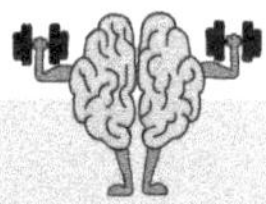

Wollen und wirken

Rufen Sie sich eine beliebige Kommunikationssituation in Erinnerung, die sich für Sie jüngst ergeben hat. Vergessen Sie für einen Moment, wie Sie sich verhalten haben und wie das Gespräch ausgegangen ist. Versetzen Sie sich in Gedanken an den Beginn des Austauschs zurück und beantworten Sie sich folgende Fragen:

- Was war mein emotionaler Zustand?
- Welche Emotionen hat mein Gesprächspartner gezeigt?
- Wäre ich jetzt nochmal in derselben Situation, was würde ich emotional bei meinem Gegenüber ausrichten wollen?
- Was müsste ich dazu sagen?

Wenn Sie feststellen, dass dies Ihren Umgang mit der Situation verändert, spielen Sie dasselbe mit anderen Fällen durch. So wird Ihnen die Methode nach und nach zur Gewohnheit.

„Die längste Reise deines Lebens ist die vom Kopf zum Herzen." (Weisheit der Sioux)

Erst wenn wir die Herausforderung und unsere Möglichkeiten verstanden haben, wird es uns mit viel Geduld und unermüdlichem Üben immer besser gelingen, aus dem „etwas sagen können" ein „etwas sagen wollen" zu machen. Das ist ein langer und in gewisser Weise unendlicher Prozess: Wir werden wahrscheinlich nie perfekt sein, aber wir werden einfach immer besser darin, mit anderen zu reden. Schon bald werden die Fragen „Was ist die emotionale Situation?" und „Was will ich emotional bewirken?" zu einer natürlichen Bewegung werden, mit der wir auf kommunikative Herausforderungen reagieren. Dann geben wir uns nicht mehr mit der schnellen, einfachen Lösung zufrieden. Das ist ein Qualitätssprung, von „mal was sagen" zu achtsamer, emotional intelligenter Kommunikation.

3 Bitte recht freundlich! Wer kommunizieren will, muss nett sein

Eine Kundin, die sich einmal zur Vorbereitung eines öffentlichen Auftrittes an mich wendete, ist eine der einflussreichsten Führungspersönlichkeiten auf ihrem Gebiet. Sie hat eine fundierte Universitätsausbildung, eine makellose professionelle Vita und starke Leitungsqualitäten, wie man sie nicht häufig beobachtet. Dennoch ist sie in den hohen gesellschaftliche Einflusssphären, in denen sie dank ihrer Erfolge verkehrt, als sehr verschlossen bekannt, und kaum einer würde ihr das dort so wichtige Etikett „sympathisch" verpassen. Zudem leitete sie damals eine Organisation, die trotz beachtlicher Ergebnisse kein gutes Ansehen genoss.

Wie konnte man dieser hochintelligenten und fähigen Führungskraft aus dieser Wahrnehmungsfalle helfen? Diese Frage wälzte ich nicht zum ersten Mal. Ich bemerkte vorsichtig, dass Menschen andere nicht dafür mögen, dass sie klug und erfolgreich sind, sondern dafür, dass sie nett sind. „Ich bin doch nett!", war ihre berechtigte Antwort. Tatsächlich wusste ich aus unseren persönlichen Sitzungen, dass sie einen ganz wunderbaren, manchmal geradezu ausgelassenen Humor hat. Der war nur bei ihren öffentlichen Auftritten hinter einer sehr disziplinierten und sachorientierten Fassade nicht immer so sicht-

bar. Also war mein Rat: „Dann zeig es doch, dass du nett bist!“

Es sollte keiner gesonderten Erwähnung bedürfen, dass es im Kontakt mit anderen tatsächlich hilfreich ist, freundlich zu sein! Ein Lächeln ist der Türöffner zu einer gelingenden Kommunikation. Ein ernst gemeintes „Danke“ führt zu stärkeren Verbindungen als schlecht kaschiertes Eigenlob. Und eine Bitte mit „Bitte“ schafft mehr Miteinander als ein fadenscheiniger Pep-Talk.

Wer anderen lediglich demonstriert, wie schlau (effizient, begabt…) er ist, wird auf kommunikativer Ebene nicht viel erreichen. Es ist sogar hochwahrscheinlich, dass eine solche Person seine Zuhörer beschämt, weil sie nicht alles verstehen. Diesen bleibt dann die begrenzte Wahl zwischen: „Ist die schlau!“ und „Bin ich doof?“, und sie entscheiden sich nicht selten für beides gleichzeitig. Das ist auf der kommunikativen Skala eindeutig im Negativbereich. Ein anderer, der völlige Plattheiten – oder gar blanken Unsinn – von sich gibt, findet tosenden Applaus, solange sein Publikum nur sagen kann: „Der ist so nett!“ Dem möchte man einfach zuhören.

Dieser verblüffende (…und auch nicht immer segensreiche!) Mechanismus, Freundlichkeit mehr Bedeutung beizumessen als guten Argumenten, manifestiert sich bereits in der Kindheit. Diejenigen unter uns, die bei der Auswahl ihrer Erziehungsberechtigten nicht völlig ins Klo gegriffen haben, wussten von klein auf: „Man sagt Bitte und Danke.“ Diese sprachlichen Gesten wirken auf zwischenmenschlicher Ebene tiefer, als man vermuten würde.

Es wurde bereits erwähnt: Bevor wir uns überhaupt mit dem Inhalt einer Kommunikation auseinandersetzen, überprüft unser Gehirn, ob wir in einer Gesprächssituation sicher sind. Erinnert das Wesen, das uns entgegentritt, zum Beispiel an ein Krokodil und trägt kein französisches Polohemd, dann setzt unmittelbar unser Kampf-oder-Flucht-Reflex ein und die Kommunikation ist vorbei, ehe sie begonnen hat.

Es mag vielen seltsam vorkommen, dass unser Gehirn sowas (noch) tut. Wir leben doch in einer Welt, in der die Gefahr, verspeist zu werden, nicht unmittelbar ist. Jedoch ist unser Denkorgan keine Neuentwicklung, sondern in vielen Bereichen baugleich mit dem Gehirn-Modell „Fred Feuerstein".

Die gute Nachricht ist, dass der Mensch, mit dem Sie reden, auch so ein Gehirn hat. Dadurch ist es nicht schwierig, durch eine freundliche und zugewandte Haltung eine Vertrauensbasis zu schaffen, noch ehe Sie nur ein Wort gesagt haben. Sollten Sie ihm mit nach vorne geneigten Schultern entgegentreten, ihre Stirn in Falten legen, und am besten noch damit beginnen, heftig zu transpirieren, dann können Sie sich den Rest der Kommunikation sparen. Es sei denn, das sollte sowieso eine Kriegserklärung werden!

Schafe im Wolfspelz

Nach dem Chaos der Zerstörungen und dem moralischen Ausverkauf durch die Nazis musste Mitte des vergangenen Jahrhunderts ein ganzes Land wieder aufgebaut wer-

den. Es gab Hunger und Wohnungsmangel und äußerst präsente Daseinsängste. Da setzten sich vor allem jene durch, die sich gegen *andere durchzusetzen wussten. Der Ellbogen war ein wichtiges Überlebensinstrument. Es bewährte sich, dass eine Hierarchie der Macht kurzfristig ein sehr effizientes System ist. Auch wenn es langfristig kein nachhaltig erfolgreiches Miteinander sichern kann. Für Führungskräfte, die in diesen Jahren aufgewachsen sind, bedeutete das in ihrem Arbeitsumfeld: „Keine Schwäche zeigen. Das Geschäft ist hart." Noch heute treffen wir Führungskräfte an, die dieses anachronistische Führungsbild für sich annehmen. Wer das einmal verinnerlicht hat, der geht nicht lächelnd auf einen möglichen Geschäftspartner, Mitbewerber oder Kollegen zu. Wirkliche Partnerschaft und ein echtes Miteinander ist da nicht leicht. Geschäftspartner werden als Geschäftsgegner wahrgenommen und Kollegen sind immer auch diejenigen, die einem die nächste Beförderung vor der Nase wegschnappen könnten. Da wird der Machiavellismus automatisch zur Hausreligion.*

Die tiefe innere Überzeugung, dass „nur die Harten in den Garten kommen" und Machtausübung uns am Ende weiter bringt als Kooperation, bleibt bis heute Teil unseres Gesellschaftsnarrativs. In dieser Kultur der Starken gilt das Senden aggressiver, kommunikationsverhindernder Signale vielen weiterhin als Zeichen besonderer Durchsetzungskraft und damit ihres Führungsanspruches. Nach dem Motto „Lächeln muss nur, wer sonst aufs Maul bekommt!" hat die Person, die *nicht* lächelt, es einfach nicht nötig. Die – oder meistens der – kann sich auch so durchsetzen. Mir begegnen bei der Beratung von Führungskräften immer wieder sanfte, freundliche Menschen, die meinen, sie müssten im Wettbewerb um die besten Plätze dauernd ein grimmiges Gesicht aufsetzen. Und die damit immer wieder anecken und sich bitter über die mangelnde Hilfs- oder Kooperationsbereitschaft ihrer Mitmenschen beklagen, allzu oft gar über deren Mangel an Intelligenz. Andere, deren Gesicht auch permanent zur Faust geballt scheint, verhalten sich einfach authentisch. Was nur beweist, dass Authentizität nicht automatisch ein positives Persönlichkeitsmerkmal ist. Man kann auch ganz authentisch ein Arschloch sein.

Auch wenn sie gerne von Diversität, Kooperation und agilem Management sprechen, versagen sie oft schon beim einfachen Lackmustest an der Kaffeemaschine. Zahlreichen Studien zufolge liegt der Anteil an Psychopathen und Narzissten in Führungsetagen von Unternehmen um ein Vielfaches höher als in der Gesamtbevölkerung. Das ist die Kultur der Starken und Durchsetzungsfähigen, die so viel an emotional intelligenter Kommunikation schon im Keim erstickt.

Wir wissen alle, dass wir freundlich sein sollten, und die meisten möchten das auch lieber. Aber wir leben in einer Kultur der „tough guys“.

Nun können wir bis zu einem gewissen Grad nichts für unsere Erfahrungen. Sie sind das, womit das Leben uns konfrontiert. Das gilt insbesondere für Kindheitserfahrungen, die sich leicht zu irreführenden Lernerfahrungen oder sogar Traumata verfestigen können. Worüber wir aber entscheiden können, ist, wie wir mit ihnen umgehen und was wir aus ihnen lernen. Wollen wir eine innere Kampfhaltung annehmen und eine äußere einnehmen? Oder wollen wir auf die positiven Potenziale eines freundlichen und offenen Miteinander setzen? Die Haltung, die wir einnehmen, wird so oder so alle unsere zukünftigen Lebenserfahrungen wesentlich prägen.

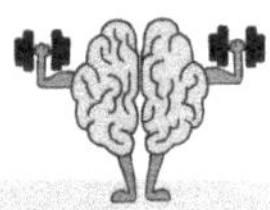

Lächeln auf den Lippen oder Zunge am Gaumen?

Die Art und Weise, wie Sie anderen Menschen gegenübertreten, ist in hohem Maße eine Gewohnheit. Beobachten Sie sich selbst dabei, wie sie *gewöhnlich* in Kommunikationssituationen eintreten.

- Lächeln Sie, wenn Sie auf ihre Gesprächspartner zugehen?
- Nehmen Sie mit den Augen Kontakt auf?
- Sind Sie entspannt? (Ein guter Indikator für Anspannung ist, wenn Sie Ihre Zunge an den Gaumen pressen.)

Schauen Sie in den Spiegel!

Die grimmige Miene des stets auf Konfrontation Eingestellten ist eine sich selbst erfüllende Vorhersage: Immer wieder macht diese Person die Erfahrung, dass Mitmenschen ihr mit Vorsicht, Skepsis und sogar einer Kampfhaltung begegnen. Es scheint sich zu bestätigen, dass andere ihr nicht wohlgesonnen sind, die negative Annahme bewahrheitet sich! Tatsächlich ist auch in einem so ungünstigen kommunikativen Moment eine Hirnfunktion am Werk, die großartiges Potenzial für unsere zwischenmenschlichen Interaktionen bereithält.

In unseren Gehirnen gibt es sogenannte Spiegelneuronen. Es sind Nervenzellen, die bewirken, dass wir Gesten, Mimik und Körperhaltungen anderer Personen spiegeln – zu beobachten ist das bereits bei Babys. Vereinfacht gesagt gibt diese Imitation dem Gehirn das Gefühl, gerade eine bestimmte Handlung auszuführen. So spielen Spiegelneuronen eine wichtige Rolle in Lernprozessen wie auch in unserer Fähigkeit, Empathie zu empfinden.

Wir alle erleben das jeden Tag: Wenn uns der Nachbar mit einem breiten Lächeln und einer freundlichen Bemerkung begegnet, fühlen wir uns gut und lächeln selbst den nächsten Menschen an, dem wir so ebenfalls einen fröhlichen Ausdruck aufs Gesicht zaubern. Die Wahrscheinlichkeit ist groß, dass sich das positive Gefühl so immer wieder selbst verstärkt und bei allen in der lächelnden Begegnungskette zu der Überzeugung führt: „Das ist ein guter Tag.“ Psychologen reden in diesem Zusammenhang von „emotional contagion“, einer Gefühlsansteckung. Die kann das Stimmungsbarometer allerdings auch in die andere Richtung bewegen: Treten Sie aus dem Haus und starren Ihren Nachbarn an, als wollten Sie ihn zur Hölle wünschen, wird er Ihnen das spiegeln, und wahrscheinlich werden Sie beide das Gefühl haben: „Heute begegnen mir nur Idioten!"

Eine grimmige Miene im Umgang mit unseren Mitmenschen ist die weithin sichtbare Narbe, die Negativerfahrungen hinterlassen haben.

Unter den unglaublichen neuen Erkenntnissen, die uns die Hirnforschung in den vergangenen 25 Jahren beschert hat, ist dieses kleine Detail eines der verblüffenderen: Wenn Sie einen anderen Menschen anlächeln, dann ist der Ausstoß sogenannter Glückshormone in Ihrem eigenen Gehirn größer als in dem des Gegenübers.

Lächeln sie sich zu gelingender Kommunikation

Um erfolgreich zu kommunizieren, den Kampf-oder-Flucht-Reflex unseres Gegenübers zu umschiffen und diese Person aufnahmebereit für unser Informationsangebot zu machen, müssen wir also nett sein und die entsprechenden Signale aussenden. Zugegebenermaßen ist das nicht immer leicht.

Zum einen mag es zwar Menschen geben, die von Natur aus mit einem „Lächelgesicht“ ausgestattet sind und die schon in der Werkseinstellung aussehen, als wären sie als Kinder obelixmäßig in einen Strahle-Trank gefallen. Andere, zu denen sich dieser Autor zählt, haben Gesichter, bei deren Anblick selbst Klaus Kinski die Tränen gekommen wären. Im Englischen gibt es eigens den Ausdruck „Resting Bitch Face“, wenn der Gesichtsausdruck ungewollt wütend, verärgert oder genervt erscheint, obwohl die Person eigentlich entspannt ist. Für sie ist es ein weiter Weg bis zu einem überzeugenden Lächeln. Aber es geht.

Andererseits begegnen uns immer wieder Menschen, die auch in den Friedlichsten unter uns Gewaltfantasien wecken. Und manche Situationen sind so angespannt, dass ein Lächeln bis in den unteren Rücken wehtun kann. Zu guter Letzt muss natürlich gesagt werden: Es gibt Kommunikationssituationen, in denen ein Lächeln schlichtweg nicht angezeigt ist – Beerdigungen, eine Trennung, reumütige Geständnisse zum Beispiel. In allen anderen ist ein ehrliches Lächeln einer der Schlüssel, um eine positive, emotional kompetente Kommunikation zu eröffnen.

Reingelegt!
Wenn die Person, mit der Sie reden wollen, Sie nicht zum Lächeln bringt, oder eine angespannte Situation es verhindert, tricksen Sie ruhig mal Ihr Gehirn aus: Stellen Sie sich für einen Moment vor, Sie reden mit Ihrem geliebten Kind

oder Ihrem Dackel oder mit wem immer sonst, der oder die Ihnen verlässlich ein Lächeln aufs Gesicht zaubern kann.

Interessanterweise bedeutet Ihr künstlich erzeugtes Lächeln für Ihr Gehirn, dass es wohl Grund für eine positive Stimmung gibt, und Ihre Laune verbessert sich tatsächlich. Jetzt fällt Ihnen auch ein echtes Lächeln leicht.

Auch aufgesetzte Freundlichkeit macht gute Kommunikation möglich. Und tatsächlich fühlen wir uns ja nicht immer in positiver Stimmung, wenn wir genötigt sind, zu kommunizieren. Der Zwang zum Gespräch kann jeden auf dem falschen Fuß erwischen. In diesen Momenten ist es hilfreich, emotional intelligente Handlungsabläufe verinnerlicht zu haben: Lächeln, Hände schütteln, freundliche Worte. Eine solche Haltung kann man sich durch achtsames Üben zur Angewohnheit machen. Meistens findet sich über die Brücke der Konventionen dann auch schnell ein Weg zurück in die tatsächlich gefühlte Freundlichkeit.

Von Stimmungskanonen und Blindgängern

Wie deutlich wir Emotionen und Befindlichkeiten Ausdruck verleihen, entscheidet darüber, ob sie sich verstärken und unser weiteres Handeln prägen, oder ob wir sie überwinden können. In Gruppen lässt sich besonders gut beobachten, wie sich Emotionen ausbreiten. Emotionale Ausdruckskraft ist dort so wirkungsmächtig, dass sich erwiesenermaßen diejenige Stimmung durchsetzt, die vom emotional expressivsten Gruppenmitglied signalisiert wird. Das kann einerseits zu äußerst unguten Entwicklungen wie der Bildung eines Mobs oder dem Entstehen einer Massenpanik führen. Andererseits ermöglicht derselbe Mechanismus positive Gemeinschaftserlebnisse. Wem es gelingt, andere mit seiner positiven Ausstrahlung anzustecken, dem gehört der Raum, deshalb sagen wir wohl auch im Volksmund (wo auch immer dieses kariesverdächtige Gebilde auch sein mag...), jemand habe „ansteckend gute Laune". Die Sozialpsychologen benutzen dasselbe Bild, wenn sie von „social contagion" reden, also von gesellschaftlicher Ansteckung.

Andere mit guter Laune und einer positiven Grundhaltung anzustecken ist kein Hexenwerk und nicht die Frage rhetorischen Talents oder gar Charisma. (Letzteres lässt sich übrigens nicht antrainieren, egal was diejenigen sagen, die entsprechende Coachings anbieten. Charisma ist Ausstrahlung und dazu muss man strahlen. Wenn Sie Ihr Lächeln in sich finden und es rauslassen, dann wirkt es. Wenn Sie jedoch „faken" und hinter der Fassade kein Haus steht, bröckelt der schöne Schein jenes potemkinschen Dorfes namens „Nett" oft schnell.) Aber Sie können nur mit etwas anstecken, was Sie auch haben, den Rest machen die Spiegelneuronen. Da trennt sich die Spreu vom Weizen und da sortieren sich diejenigen mit einer authentisch positiven Grundhaltung von jenen, die nur wissen, dass es vorteilhaft wäre, eine solche Haltung nach außen zu zeigen.

Jeder von uns kennt solche Menschen. Sie lächeln strahlend und haben einen laut vernehmbaren Gruß auf den Lippen. Sie erinnern sich an die Namen des Kellners und der Praktikantin und sprechen diese sehr verbindlich damit an. Sie erkundigen sich, wie das Projekt läuft und wie es der Tochter der Kollegin an der neuen Schule geht. Bis zu der Sekunde, in der man das Pech hat, ihnen zu nahe zu kommen und sie sich angreifbar und angegriffen fühlen, sind diese Menschen einfach bezaubernd. In diesem Moment geht ein Gewitter nieder, es hagelt Anschuldigungen und Beschimpfungen und man geht mit tiefen Narben nach Hause.

Das menschliche Gehirn hat eine eingebaute Präferenz für glückliche Gesichter. Wir suchen das Lächeln wie der Spürhund den Knochen. Es ist sogar so, dass unser Gehirn ein freundliches Gesicht in einer Menge schneller erkennt als ein unfreundliches. Deswegen müssen Sicherheitskräfte extra trainieren, die Gesichter wahrzunehmen, bei denen „etwas nicht stimmt". Wir suchen stetig nach Harmonie und Freundlichkeit. Das ist eine einfache, beruhigende und gleichzeitig auch verwirrende Erkenntnis, leben wir doch in einer Gesellschaft und in Strukturen, die zur Aufrechterhaltung eines Wettbewerbs geradezu krampfhaft an der Mär festhalten, der Mensch sei dem Menschen ein Wolf.

Der Mensch ist von Natur aus kein Wolf im Schafspelz. Wir sind im Kern freundliche, mitfühlende Schafe. Aber manche streifen sich ein Wolfsfell über, weil sie denken, dass das ihre Überlegenheit sichert.

In unserer Welt, die oft vom Konkurrenzgedanken geprägt ist, kann die Entscheidung zur Kooperation revolutionär wirken. Wer den ersten Schritt zur Kooperation macht, geht scheinbar ein großes Risiko ein. Doch nur der Mut, anderen einen Vertrauensvorschuss zu schenken, ermöglicht es uns, die Stärken und Ressourcen anderer zu nutzen, um gemeinsam größere Ziele zu erreichen. Anstatt uns gegenseitig zu bekämpfen und zu schwächen, können wir durch Zusammenarbeit eine gemeinsame Kraft entfalten, die weit über unsere individuellen Fähigkeiten hinausgeht. Der Austausch von Ideen und Perspektiven fördert Innovation und Kreativität. Letztlich schafft Zusammenarbeit Vertrauen und stärkt soziale Bindungen, was nicht nur zu persönlichem Wohlstand, sondern auch zu einer harmonischeren und stabileren Gesellschaft führt.

Es geht auch anders

In der Krankenhausserie „New Amsterdam" tritt der neue ärztliche Direktor eines öffentlichen Krankenhauses in New York mit dem Ziel an, eine nie dagewesene und ungewöhnliche Priorität für die Behandlung der Patienten einzuführen: In erster Linie soll den Patienten geholfen werden. Darüber hinaus möchte dieser Chef auch seinen Mitarbeitern helfen. Und so beginnt Dr. Max Goodwin praktisch jedes Gespräch mit den ernstgemeinten Worten „Wie kann ich helfen?".

Ein Chef, der helfen will, statt zu sagen „Ich werd' dir helfen!"? Ein Krankenhausbetrieb *für* und nicht *trotz* Patienten? Jemand, der immer wieder den Eindruck erweckt, dass er für seine Mitmenschen da ist, dass er Anteil nimmt an ihren Problemen und einen tiefsitzenden Wunsch verspürt, ihnen zu helfen – diese Einstellung öffnet kommunikativ Türen. Jemand, der helfen will, ist immer willkommen! Jedoch: Nur wer seine Anteilnahme und sein Hilfsangebot ernst meint, kann es auch durchhalten.

Es spricht sehr vieles dafür, dass nur eine echte, authentische Haltung der Freundlichkeit, der Empathie und der Neugierde auf andere Menschen eben das kommunizieren kann: Freundlichkeit, Mitgefühl und Vertrauen. Wichtig ist dabei, diese Haltung in sich zu finden und zu fördern. Freundlichkeit, Mitgefühl und Vertrauen sind in uns allen angelegt. Sie bilden in gewisser Weise unser Grundbedürfnis nach Verbundenheit ab, das uns allen gemeinsam ist. Und wenn es nicht – zum Beispiel durch ein schlimmes psychologisches Kindheitstrauma – im Gehirn verkapselt und sozusagen weggeschlossen ist, dann lässt sich dieses Bedürfnis aktivieren.

Der Wunsch, mit anderen verbunden zu sein und uns gegenseitig zu helfen, indem wir Informationen austauschen, sitzt ganz tief in uns. Er ist der Ursprung jeglicher Kommunikation.

Das führt uns noch einmal zurück zu den bereits erwähnten Spiegelneuronen (s. S. 69). Die Nachricht über die zwischenmenschliche Wirkkraft der kleinen Nervenzellen ist für viele Schlaumeier und Freizeit-Manipulatoren offenbar inspirierend. Sie handeln oft nach der Devise: „Dann kann man dieses Verhalten doch *bewusst* einsetzen, um dem Gegenüber zu demonstrieren, dass man mit ihm verbunden ist!" Manipulation mit minimalem Aufwand? Eine schlägt die Beine übereinander, die andere folgt mit derselben Geste. Der eine lehnt sich zurück, fährt sich mit den Fingern durch die Haare, der andere lehnt sich zurück und streicht die Hand über die Glatze – und schon ist eine solide Vertrauensbasis geschaffen, auf der sich starke Kooperationen errichten lassen.

Die *gute* Nachricht ist, dass genau das nicht funktioniert. In Studien wurde bestätigt, dass ein rein äußerliches Spiegeln von Aktionen ohne ein tatsächliches Gefühl der Verbundenheit keine besonderen Reaktionen auslöst. Es geht ganz offenbar eben nicht um bewusst wahrgenommene Signale, sondern um eine Verbundenheit, die weitaus tiefer geht.

Wie tief, das beschreibt beispielsweise Daniel Goleman, der Pionier der „emotionalen Intelligenz" (sein gleichnamiges Buch erschien erstmals 1995) in seinem Werk *Soziale Intelligenz*. Die nicht-verbalen Botschaften, die wir unbewusst senden, wirken beim Empfänger häufig stärker als das, was wir sagen. Goleman zitiert verschiedene Studien, die zeigen, dass eine positive Verbundenheit über inhaltliches Verständnis hinausgeht. So gaben Manager ihren Mitarbeitern bei einem Experiment sehr kritisches Feedback, hegten dabei aber trotzdem positive und warme Gefühle, die offenbar einem gesunden zwischenmenschlichen Verhältnis zu den Mitarbeitern entsprangen. Am Ende fühlten sich die Mitarbeiter trotz der harschen Kritik insgesamt gut. Ein anderer Versuch kam zu dem Ergebnis, dass sich in Gesprächen unter Freunden die Atemrhythmen der Beteiligten angleichen. So nahe kommen wir uns! Intimer geht es wohl nicht.

Doch! Es wurde nämlich auch wissenschaftlich nachgewiesen, dass bei Musikern, die gemeinsam ein Stück spielen, die neuronale Aktivität in ihren jeweils rechten Gehirnhälften – die für kreative Aktionen wie Musikmachen verantwortlich sind – mehr Synchronität aufweist, als es die rechte und die linke Gehirnhälfte in den einzelnen Musikerköpfen tun.

Beobachten Sie mal Kleinkinder, die noch nicht sprechen können, wenn diese miteinander spielen (Fragen Sie bitte vorher die Eltern!). Obwohl sie noch nicht die Möglichkeit haben, sich mit Worten zu verständigen, bewegen sie sich in ihrem Spiel in verblüffender Synchronität – egal ob sie gerade in großer Freude begriffen sind oder sich im Synchron-Weinen üben.

Die Erkenntnisse über den Einfluss von Spiegelneuronen auf unser Miteinander sind zwar relativ neu – aber eben auch nicht erst von gestern. Rund drei Jahrzehnte sind ins Land gegangen, seit uns dieses Wissen zur Verfügung steht. Trotzdem haben wir es nicht verinnerlicht oder lehnen es gar ab, weil es dem widerspricht, was Menschen über Menschen zu wissen glaubten, nämlich dass der Mensch dem Menschen ein Wolf sei. Der Mythos hält sich beharrlich. Er hat Generationen in ihrem Verständnis ihrer Mitmenschen geprägt, Konflikte gerechtfertigt und Wirtschaftssysteme geläutert. Dass wir inzwischen wissen, dass er nachweislich nicht stimmt, scheint daran nur sehr langsam etwas zu ändern.

Wer hier mutig vorangeht und diese wissenschaftlichen Erkenntnisse annimmt und in seine Kommunikation einbringt, der kann wirklich emotional intelligent kommunizieren.

Freundlichkeit als Form emotional intelligenter Kommunikation hat tiefgreifende Auswirkungen auf unser eigenes Wohlbefinden und die Interaktionen mit anderen. Eine positive äußere Haltung kann unsere innere Einstellung verbessern und uns selbstbewusster und zufriedener machen. Wenn wir freundlich auftreten, fördern wir nicht nur ein angenehmes Miteinander, sondern inspirieren auch andere dazu, ebenfalls freundlich zu sein. Diese gegenseitige Freundlichkeit schafft ein Umfeld des Vertrauens und der Zusammenarbeit, in dem alle Beteiligten profitieren. Letztlich zeigt sich, dass unsere äußere Haltung nicht nur unsere eigene innere Welt beeinflusst, sondern auch eine Kettenreaktion positiver Veränderungen in unserer Umgebung auslösen kann.

4 Ohne Relevanz kein Tanz! Kommunikation braucht Motivation

Unser Gehirn ist also ein richtig harter Türsteher und sortiert Informationen gnadenlos aus! Was keine Relevanz hat, kommt auch nicht rein! Das hat Folgen für unsere Kommunikation: Wenn wir mit jemandem reden und es ist für diese Person nicht erkennbar, was unser Thema mit ihr zu tun hat, dann findet schlichtweg keine Interaktion statt.

Es war für mich eine der interessantesten und letztendlich auch befriedigendsten Aufgaben in meinen rund 40 Jahren Fernseharbeit: die Moderation einer Sendereihe mit hochwertigen Dokumentationen zur Ahnenforschung. Ehrlich gesagt hat es mich nie besonders interessiert, ob ein Urgroßonkel am Hofe Adolf des Wahnsinnigen rechtswidrig auf den Zehennägeln gekaut hat. Was ich aber spannend fand, war, dass die Ahnenforschung nur das Vehikel war für die eigentlichen Themen dieser Sendung. Aufgehängt an Einzelschicksalen wurden historische Zusammenhänge beleuchtet, die heute noch eine große Relevanz haben. Es ging um Anstand, Zivilcourage, Alltagshelden.

Bald waren die ersten Folgen abgedreht, und das Ergebnis dieser Arbeit konnte sich mehr als sehen lassen. Nur hatten wir in der Produktion einen wichtigen Faktor vergessen … Während der Ausstrahlung der ersten Folge brach nach wenigen Minuten die Zahl der Zuschauer deutlich ein, ablesbar an der Quote. Unsere schönen historischen Dokumentationen drohten, selbst zu einem sehr kurzen Stück Fernsehgeschichte zu werden.

Folgendes war passiert: Zwar hatten wir alle Geschichten sorgfältig recherchiert und in einer guten Kombination aus Information und Spannung zusammengestellt, aber es fehlte die Mitteilung an unser Publikum, weshalb diese Geschichten für sie *wichtig waren.*

Mit einem einfachen Kunstgriff wurde das Problem gelöst: Direkt nach dem Vorspann wurde fortan ein Satz eingeblendet, der den Zuschauern ein Relevanz-Versprechen gab: „Die folgende Geschichte ist heute so aktuell wie damals, weil…“. Es würde sich also lohnen, zuzuschauen! Dank dieser kleinen Korrektur erfreute sich die Sendereihe für viele Jahre einer ansehnlichen Fangemeinde.

Die Episode aus meiner Vergangenheit zeigt, welchen Unterschied es macht, wenn wir uns stets bewusst sind, dass da am anderen Ende unserer Kommunikation auch ein Gehirn fleißig an der Arbeit ist. Und die Dinger funktionieren! Entgegen der scheinbar landläufigen Meinung mancher Medienmacher.

„Gatekeeper“ im Gehirn

Zu Beginn jeder neuen Gesprächssituation schaltet unser Gehirn eine Art Zwei-Phasen-Protokoll. Erstens stellt es fest, ob unser Gegenüber eine Bedrohung für uns darstellt (mehr dazu ab S. 163). Zweitens unterzieht es sein Informationsangebot an uns einer gründlichen Relevanzprüfung:

Ist das, was du sagt, wichtig *für mich*?

Die Frage nach der Relevanz ist ein automatischer Filter, den wir als Besitzer unseres Gehirns in aller Regel nicht bewusst wahrnehmen. Das Problem dabei ist, es trifft die Entscheidung über die Wichtigkeit einer Botschaft ohne Rücksprache mit uns zu halten. Mit den Auswirkungen dieser Entscheidung hingegen dürfen wir uns mitunter wieder sehr bewusst auseinandersetzen (mehr dazu ab S. 160).

Womöglich sind wir verwirrt angesichts eines Informationsangebotes. Vielleicht sind wir auch gelangweilt. Oder sogar verärgert, weil da jemand eine kommunikative Druckbetankung versucht, die wir nicht wollen. Also nehmen wir die angebotene Information nicht an. Die Kommunikation hat zwar eine emotionale Wirkung, nämlich die einer negativen Relevanz, aber sie berührt mich eben nicht in einer Weise, die mich für die Information öffnet. Im Gegenteil, sie ist zum Scheitern verurteilt. Unser Gehirn hat sie wegen akuten Relevanzmangels aussortiert.

Es gab eine Zeit, in der war es für uns Menschen relevant, uns Telefonnummern zu merken. So konnten wir Angehörige, Freunde und Kollegen, die uns wichtig waren, schnell erreichen. Heute merkt sich praktisch niemand mehr Telefonnummern, weil das keine Relevanz mehr hat. Unsere neuen „Fernsprechapparte“ sind leistungsfähig Rechner, die für uns die Aufgabe übernommen haben, wichtige (und auch zahllose unwichtige …) Telefonnummern zu speichern.

Es gibt Menschen, die Datenmengen wie das Telefonbuch einer Großstadt aufnehmen und auch wiedergeben können oder nach einer kurzen Rundfahrt ganze Innenstädte aus dem Gedächtnis zeichnen. Dass dies erstrebenswert sei, ist eine seltsame Legende, die sich jedoch hartnäckig hält. Viele glauben, die schiere Speicherfähigkeit des Gehirns sei ein Qualitätsmaßstab und Ausdruck einer besonders ausgeprägten Intelligenz. Aber mal ehrlich, die wichtigen Fragen des Lebens werden doch anders beantwortet. Tatsache ist, dass diese Talente in Wirklichkeit Fehlfunktionen sind. Ein solches Gehirn schafft es nicht, Informationen „in wichtig" und „unwichtig" zu sortieren. Der Preis für das vermeintliche „Superhirn" kann hoch sein, denn häufig hat es dann erhebliche Kompetenzdefizite in anderen Bereichen.

Die Nutzung unseres Gehirns als eine Art Bio-Speicherkarte muss sich eigentlich jedem verschließen, der versteht, *warum* unser Gehirn uns den Zugang zu den meisten Informationen, die es aufgenommen hat, schlichtweg verwehrt. Wir brauchen sie nicht! So ist der Relevanzfilter nichts anderes als ein Selbstschutzmechanismus: Würde jede Information, die uns tagtäglich erreicht, verarbeitet und gespeichert, käme es bald zu einer Überlastung der Kapazitäten unseres Oberstübchens. Nicht relevante Informationen erreichen uns gar nicht erst. Sie werden stattdessen im großen, unbeschrifteten Archiv unseres Gehirns auf Nimmerwiedersehen abgelegt.

Ein klassisches Beispiel für den spielentscheidenden Unterschied zwischen Speicherfähigkeit und kognitiver und emotionaler Intelligenz lieferte mir ein Beratungskunde eines Tages. Der Mann hatte sich bei uns gemeldet, weil ihm seine Corporate Heinzelmännchen und Heinzelfrauchen (hier macht gendern Spaß!) eingeflüstert hatten, er brauche dringend ein „Gedächtnistraining“. Der Mann war neu in den Vorstand eines DAX-Konzerns aufgerückt. Bei bisherigen, kleineren Auftritten war er nicht in der Lage gewesen, eine vorbereitete Rede so zu halten, dass sie wie „freie Rede“ klang. Das war frustrierend für ihn selbst und verunsichernd für seine Mitarbeiter, die nicht wussten, wie sie ihm helfen sollten.

Das war ein echter „Head-scratcher“. Wie konnte ein studierter Informatiker und Ökonom, der die Geschicke von mehr als 40.000 Mitarbeitern und ein Unternehmensergebnis im Milliarden-Euro-Bereich steuerte, derartige Gedächtnisprobleme haben!? Die einfache Antwort war: Hatte er gar nicht! Die etwas komplexere Antwort offenbarte sich beim ersten Treffen mit dem Klienten, den wir bei der Gelegenheit als solchen beinahe gleich wieder losgeworden wären. Weil uns lange Zeit keine seiner Erklärungen zufriedenstellte, peinigten wir den armen Menschen nämlich eine schmerzhaft lange Zeit mit immer denselben Fragen:

„Warum wollen Sie diese Rede halten? Was ist das Ziel?“ Bis ihm der sprichwörtliche Kragen gemeinsam mit dem gedanklichen Knoten platzte und er in dieser wunderbaren Synchronität der Ereignisse ausspuckte:

„Verdammt nochmal, ich will doch nur, dass die mich mögen!"

Nun ... das war ein legitimes und völlig hinlängliches Wirkungsziel für eine Rede. Der Mann hatte dabei gleich zwei wesentliche Vorbedingungen für gelingende Kommunikation erfüllt: Er hatte seine beabsichtigte emotionale Wirkung definiert und er hatte für sich selbst die Relevanz seiner Rede klargemacht. Die war ihm bis dahin nicht klar gewesen, da der Redeentwurf, den seine Mitarbeiter zusammengetragen hatten, nicht mehr war als die übliche Ansammlung von Fakten und nur halb verschleierter Partikularinteressen. Mit dem, was er als Redner erreichen wollte, hatte beides wenig zu tun. Deshalb konnte er sich den Text auch nicht merken. Da konnte auch kein Gedächtnistraining helfen.

Was *dann allerdings funktionierte, war die Umarbeitung in eine klar fokussierte Rede, die auf die beabsichtigte Wirkung ausgerichtet war. Die merkte sich sein Gehirn ganz von selbst, denn da wusste es, warum es das tun sollte! Relevanz halt.*

Blinde Flecken

Wie erstaunlich weit unser Gehirn beim Aussortieren von Informationen nach Relevanz geht, zeigt vielleicht am anschaulichsten eines der berühmtesten Experimente der Psychologie: Dabei sahen Testpersonen ein Video, das zwei Gruppen von Basketballspielern zeigte: die einen in Weiß gekleidet, die anderen in Blau. Aufgabe der Testpersonen war es, zu zählen, wie oft sich die Spieler in Weiß den Ball zuwarfen. Eine einfache Aufgabe, die aber Aufmerksamkeit erfordert.

Pässe zählen

Sie können den Test selbst machen. Das Video finden Sie online: https://www.theinvisiblegorilla.com/IGvideos.html

Schauen Sie mal rein und zählen Sie, wie oft die weiße Mannschaft den Ball abspielt.

In dem ursprünglichen wissenschaftlichen Versuch meisterten die meisten Testpersonen die Aufgabe mit Bravour, sie zählten die korrekte Anzahl von Pässen der weißen Mannschaft. Blieb man mit der Aufmerksamkeit buchstäblich „am Ball“, war es leicht. Allerdings übersah dabei die deutliche Mehrheit der Probanden den *Gorilla*. Ja, Sie lesen richtig: einen ausgewachsenen Gorilla! Zwischen die Basketballer hatte sich nämlich ein Darsteller im zotteligen Affenkostüm gemischt, der zwischen den Spielern umherlief, sich gelegentlich mit den Fäusten auf die Brust trommelte und schließlich wieder verschwand.

Haben Sie den Gorilla gesehen? Ja?… dann waren Sie wohl nicht mit Ihrer ganzen Aufmerksamkeit bei der eigentlichen Sache, nämlich dem Zählen der gespielten Pässe der weißen Mannschaft. Oder haben Sie ihn nicht gesehen? Nein?… der war aber eigentlich nicht zu übersehen! Sie sehen – das Spiel mit der Relevanz ist manchmal schwer zu gewinnen.

Es ist – weiß man einmal Bescheid über den Gorilla im Raum – nahezu unvorstellbar für den Betrachter, dass man das Vieh übersehen könnte. Und doch haben es die meisten der ursprünglichen Probanden nicht wahrgenommen. Psychologen nennen das „Unaufmerksamkeitsblindheit". Wir nehmen Dinge nicht bewusst wahr, wenn unsere Aufmerksamkeit nicht auf sie gerichtet ist. Das geht so weit, dass zum Beispiel Piloten in Notsituationen die „Master-Caution"-Warnung nicht hörten, obwohl diese mit akustischer Impertinenz durchs Cockpit dröhnte. Und mal ehrlich: Stellen Sie sich jemanden vor, der eine Gruppe Basketballer beobachten und zählen soll, wie oft sie den Ball abspielen. Was würden Sie von einem Menschen halten, der diese Aufforderung mit den Worten kommentiert: „Da muss ich aber gut aufpassen, ob ein Gorilla dazwischenlatscht"?

Die Unaufmerksamkeitsblindheit ist Ausdruck des Relevanzfilters im Gehirn: Der Gorilla ist nicht relevant für das Zählen von Basketballpässen, die Information über seine Anwesenheit kommt nicht durch.

Bis in die 1980er-Jahre ging man davon aus, dass dieser Mechanismus vor allem auf die begrenzte Kapazität unseres Gehirns zur Informationsverarbeitung beruhte. Sprich, unser Arbeitsspeicher war einfach zu klein, um Pässe und Gorillas gleichzeitig wahrzunehmen. Heute wissen wir, dass es sich hier mit der Unaufmerksamkeitsblindheit um eine ganz wichtige Funktion handelt, die es uns ermöglicht, unsere Aufmerksamkeit zu fokussieren. Tatsächlich geht es nicht darum, zu verhindern, dass sich der Arbeitsspeicher unseres Biorechners wegen Überlastung aufhängt und wir aus den Ohren qualmen. Vielmehr macht das Aussortieren äußerer Reize nach Relevanz es uns überhaupt möglich, geordnet zu handeln. Wenn ich meine Aufmerksamkeit jedem Reiz widme, der auf mich einströmt – anders gesagt: wenn meine Wahrnehmung keine Struktur hat –, dann kann ich nicht mehr strukturiert darauf reagieren. Es ist also genau umgekehrt. Nicht der Prozess schützt die Hardware, sondern die Hardware schützt den Prozess.

Es wäre interessant zu erfahren, ob Menschen, die an dem Aufmerksamkeitsdefizit-Syndrom ADHS leiden, in dem oben beschriebenen Experiment sowohl den Affen sehen wie auch die geworfenen Pässe wahrnehmen. Viele von ihnen beschreiben jedenfalls anschaulich, wie anstrengend es ist, diesen wichtigen Aufmerksamkeitsfilter nicht zu haben. Zum Beispiel bezogen darauf, wie sie eine belebte Straßenkreuzung wahrnehmen. Diese Beschreibungen schildern einen unglaublichen Ansturm an Reizen. Während Menschen mit intaktem Aufmerksamkeitsfilter die meisten Reize in einer solchen Situation einfach ausblenden und sich darauf konzentrieren, nicht vom Bus überrollt zu werden, leiden ADHS-Patienten in einer solchen alltäglichen Situation unter einem kaum aushaltbaren

Ansturm von Reizen, Warnmeldungen, Informationen und Impulsen.

In der Sprache der neuseeländischen Maori wird diese Veranlagung übrigens nicht als Störung beschrieben, sondern als „Aroreretini“, was so viel bedeutet wie „Aufmerksamkeit geht in viele Richtungen“ oder „auf viele Dinge“. Es ist eine wunderbare Beschreibung für ein Gehirn, das einfach nur anders funktioniert. Aber eines scheint sich anzudeuten: Eine Aufmerksamkeitsstörung ist längst nicht so häufig, wie die Pharmahersteller die entsprechenden Pillen verkaufen wollen. Die überwiegend meisten Menschen richten ihre Aufmerksamkeit genau dorthin, wo sie Relevanz erkennen.

Das beinhaltet zwei wichtige Aufträge für jeden, der kommunizieren will:

1. Was wir sagen, muss eine Relevanz für unseren Gesprächspartner haben.
2. Diese Relevanz muss sofort erkennbar sein.

Relevanz braucht keine guten Gründe

Es wäre ein verständlicher Irrtum, Relevanz mit „einen guten Grund haben“ zu verwechseln. Natürlich ist es gut, einen vernünftigen Grund zu haben für das, was man sagt, und der darf auch gerne erkennbar sein. Relevanz aber ist nicht notwendigerweise eine Vernunftsache. Viel wichtiger ist, ob eine Information ihren Empfänger berührt. Wie wir gesehen haben, höre ich dann weiter zu, wenn das Gesagte mich anregt, aufregt, traurig macht oder, noch besser, einen Belohnungsimpuls im Gehirn auslöst.

Nehmen wir die Beziehung zwischen uns beiden – Ihnen und mir –, die vor ein paar Dutzend Seiten und einem Buchumschlag begann. Wenn Sie kein berufsmäßiger Leser von Büchern sind – Kritiker, Journalistin etc. –, dann brauchte es einen motivierenden Impuls für Sie, dieses Buch aufzuschlagen. Irgendetwas hat Sie also angeregt, meine Gedanken zu einer emotional intelligenten Kommunikation bis hierher begleiten. Vielleicht ist es die Hoffnung, Ihre Alltagskommunikation zu verbessern. Oder Sie wollen verstehen, warum eine bestimmte Verbindung immer wieder abbricht, sobald Sie versuchen, Wichtiges zu bereden. Es könnte sein, dass Sie ihre Mitarbeiter und Kolleginnen besser mit Ihren Botschaften erreichen wollen. Oder man hat Ihnen als Kind so oft klargemacht, dass Sie besser die Klappe halten, so dass Sie das Kommunizieren nun als Erwachsene endlich richtig erlernen wollen. Was auch immer: Irgendwo hat dieses Buch bei Ihnen einen „Relevanzknopf" gedrückt. Und das haben wir jetzt davon: Nun muss es Ihre Erwartungen erfüllen. Sie wollen etwas davon haben, dass Sie es lesen. Das ist der Deal, den wir eingegangen sind.

Sie sehen, Relevanz ist keine objektive Größe. Wenn Sie einem Vierjährigen sagen: „Wenn du mir jetzt eine Minute zuhörst und dann eine Frage zu meiner Geschichte beantwortest, bekommst du einen Lolly!", dürfte das reichen, um die Relevanzschwelle ganz entspannt zu lutschen. Aber mit Ihrem Lebenspartner oder einer Mitarbeiterin dürfte es allein mit Lolly schwierig werden.

Wir müssen unserem Gegenüber also aufmerksam und empathisch begegnen, um uns in die Lage zu versetzen, ihren oder seinen Relevanzfilter durchdringen zu können. Hinzu kommt, dass das Erkennen von Relevanz viel eher dem Reflex des berühmten pawlowschen Hundes gleicht als einer vernünftigen Entscheidung.

Sein Lernexperiment mit Hunden bleibt der berühmteste Versuch des späteren russischen Nobelpreisträgers Ivan Petrowitsch Pawlow. Kaum eine andere wissenschaftliche Studie dürfte häufiger zitiert werden als diese. Pawlow trainierte seinen Hund darauf, ein akustisches Signal (das Läuten einer Glocke) mit Futter (gefüllter Napf wird gegeben) zu verbinden. Zu beobachten war, dass nach einiger Zeit allein der Impuls „Glockenläuten" im Gehirn des Hundes dasselbe auslöste wie ein voller Futternapf. Wurde die Glocke geläutet, produzierte er vermehrt Speichel – auch wenn kein Fressen folgte. Ihm lief buchstäblich das Wasser im Mund zusammen. Er zeigte eine klassische Konditionierung. Übertragen wir das doch mal auf eine Kommunikationssituation: Ohne die Verbindung zum Essen wäre das Läuten der Glocke nur ein Geräusch. Erst durch die Bedeutung „beim Läuten gibt's Essen" bekommt das Läuten Relevanz.

Der große Unterschied zwischen Hund und Mensch ist, dass der konditionierte Hund weiterhin auch ohne Glockenläuten fressen würde, sobald man ihm einen gefüllten Napf vorsetzt. Es sind keine Fälle von hündischen Expertenkommissionen bekannt, die gebildet wurden, um Fressentscheidungen zu treffen. Das geschieht unmittelbar. Auslöser – Belohnungsimpuls – guten Appetit! Der Mensch hingegen hat ohne Relevanz-Geläut einfach keinen Appetit auf einen Informationshappen, die Botschaft wird ihn nicht interessieren.

Das geht mich etwas an!
Beobachten Sie sich in einer Situation, in der verschiedene Impulse auf Sie einströmen. Wie eine gut besuchte Party, bei der in Ihrer Umgebung Dutzende von Gesprächen gleichzeitig geführt werden, oder ein voll belegtes Zugabteil. Die meisten der Impulse, die Sie akustisch erreichen, werden Ihnen wie ein Grundrauschen vorkommen. Ihr Gehirn blendet die Inhalte aus. Aber nur so lange, bis ein Impuls Ihren Relevanzfilter durchdringt und Ihre Aufmerksamkeit auf sich zieht. Zum Beispiel, wenn in einem der Gespräche Ihr Name fällt: „Da ist etwas, das mich was angeht! Das hat Relevanz! Es trägt meinen Namen!"

Es könnte auch der Name eines geliebten Menschen sein, oder der des Nachbarn, über den Sie sich gerade erst tierisch geärgert haben, oder der des Unternehmens, für das Sie wirklich gerne arbeiten würden. Unser Gehirn filtert zuverlässig solche Signale aus dem Grundrauschen heraus, das uns tagtäglich immer wieder umgibt. In diesen Momenten sind wir wie der pawlowsche Hund, der schwanzwedelnd hinter dem

Glockenläuten herläuft, in freudiger Aussicht, gleich mit Fressen belohnt zu werden. Wir haben die Relevanz erkannt, jetzt wollen wir die Information.

Nun stellt sich natürlich die Frage: Wie können, oder besser: wie *müssen* wir das Wissen über den Relevanzfilter bei unseren Gesprächspartnern nutzen, um besser mit ihnen zu kommunizieren?

Türe erst öffnen, dann durchgehen!

Ein wichtiges Detail aus Pawlows Versuchsaufstellung ist, dass sein Hund das Fress-Signal hörte, *bevor* er das Futter bekam. Übertragen auf unsere Kommunikation bedeutet das: Timing ist alles. Unser Gehirn braucht den Hinweis auf Relevanz, *bevor* eine Information angeboten wird. Die Logik ist eigentlich simpel:

Relevanz ist für das Gehirn wie die Zieleingabe für das Navi: erst wenn sie eingeloggt ist, kann es mit der Aufmerksamkeit in die richtige Richtung gehen.

So simpel ist es in der Umsetzung aber gar nicht!

Es gibt Gegenden der Welt, da kann das kleine Vergnügen, in einem See zu schwimmen, Sie umbringen! Nicht etwa, weil Sie ertrinken. Sie werden am Katayama-Fieber erkranken und bemitleidenswert zugrunde gehen. Auslöser der Erkrankung sind kleine Wasserwürmer, die in Ihrem Körper Eier legen, nachdem sie sich zunächst durch Ihre Haut gebohrt haben.

Na, habe ich Ihre Aufmerksamkeit? Natürlich … bei der Beschreibung fängt es doch schon an zu jucken, selbst wenn Sie auf dem trockenen Sofa sitzen! Bitte lesen Sie trotzdem weiter.

„Schistosomiasis, auch Bilharziose (lateinisch Bilharziosis*), ist eine durch die Larven von Saugwürmern der Gattung Pärchenegel (*Schistosoma*) verursachte Wurmerkrankung. Sie wird in warmen Binnengewässern durch Schnecken als Zwischenwirte verbreitet …"*

So beginnt der Wikipedia-Eintrag zur tödlichen Tropenkrankheit, und das ist alles korrekt. Mein Gefühl wäre dennoch, dass die erste Schilderung einen tieferen Eindruck bei Ihnen hinterlassen hat. Immerhin warnt Sie schon im ersten Satz, dass eine völlig harmloses Vergnügen Sie töten kann! Relevanter geht's nicht. Wollten Sie also einen guten Freund bei Antritt einer Afrika-Reise vor den Gefahren des Badens in stehenden Gewässern warnen, wäre mein Tipp: Versuchen Sie es mit der ersten Variante. Ein packender Happen Relevanz zu Beginn Ihrer Warnung rettet womöglich das Leben Ihres Freundes.

In unseren westlich geprägten Gesellschaften läuft dieses wichtige Erfordernis emotional intelligenter Kommunikation – die Relevanz an den Anfang eines Gesprächs zu stellen – leider konträr zu unserer Prägung und Sozialisierung.

Wir sind darauf konditioniert (da grüßen die pawlowschen Hunde!), bei den Voraussetzungen zu beginnen, wenn wir Zusammenhänge erklären, oder am chronologischen Anfang, wenn wir Geschichten erzählen. Das spiegelt einerseits eine saubere und systematische Logik wider. Andererseits ist dieses Vorgehen sauschlechte Kommunikation!

Wenn wir immer bei Adam und Eva beginnen und das, worum es *wirklich geht* und vor allem, *was das bedeutet,* an den Schluss stellen, dann kann der Gipfel der Weisheit nur allmählich erklommen werden, in einem langen Anstieg, bei dem viele Zuhörer leeren Blickes und mit Cartoon-mäßigen Fragezeichen über den Köpfen auf der Strecke bleiben. Manchmal erreicht auch niemand den Gipfel, die eigentliche Relevanz findet gar keine Erwähnung und wird selbst dem Kommunizierenden nie klar.

Dieser wissenschaftlich systematische Zugang zu jeglichen Themen wird unseren Kindern in der Schule gelehrt, bei Studierenden an den Universitäten anhand gnadenlos korrigierter Hausarbeiten verfestigt und auf verwobenen Pfaden der Business-Sprachgewohnheiten weitergetragen. Und dann wundert man sich, dass die Kommunikation mit den hochausgebildeten Mitarbeitern und die der Mitarbeiter untereinander irgendwie nicht so richtig gut funktioniert! Wir könnten genauso gut auf Klingonisch aufeinander einreden. Um emotional wirksam miteinander zu kommunizieren, müssen wir diese Sozialisierung verlassen und von nun an immer mit dem Ergebnis und bei der Relevanz beginnen!

Blöd, dass unser Gehirn dazu neigt, bekannte und erprobte Lösungen abzurufen, wenn wir vor Herausforderungen stehen. Das gilt leider auch für das gelernte Kommunikationsmuster „Bei Adam und Eva anfangen“. Mal um Mal schlägt es die Relevanz, weil es schon zur Anwendung bereitliegt.

Das wäre ein guter Zeitpunkt, die Arme in Resignation hochzuwerfen und zu sagen: „Was soll ich denn machen, wenn ich so programmiert bin!“ Eine bessere Ausrede für schlechte, emotional absolut unintelligente Kommunikation bekommen Sie nicht. Wollen Sie allerdings tatsächlich emotional intelligent kommunizieren, dann ist es an der Zeit, Ihr Gehirn umzuprogrammieren und neue Lösungen abzuspeichern.

Mitbringsel nicht vergessen!
Machen Sie es sich zur Gewohnheit, sich zu Beginn jeder Kommunikationssituation zu fragen: „Was tut das für dich?" Oder besser noch: „Was kann ich für Dich tun!" Wichtig ist, dass Sie die Frage nicht stellen wie die brav dressierte Stimme aus dem Call-Center. Da ist das „Was kann ich für Sie tun?" nur ein schlecht kaschiertes „Was willst du denn schon wieder?!". Wir müssen uns *ehrlich* fragen, was wir für unseren Gegenüber tun können. Was wir ihm oder ihr mitbringen können zur Eröffnung unserer Kommunikation. Wie ein kleines Gastgeschenk.

Denn das ist von Belang für Ihr Gegenüber: Wenn Sie etwas mitgebracht haben, wenn Sie etwas für denjenigen tun, wenn Sie seine Lebenssituation – und sei es in einem noch so kleinen Detail – verbessern, dann hat Ihre Kommunikation eine starke und erkennbare Relevanz.

Betrachten Sie Kommunikation als ein Geschenk, das sie Ihrem Gegenüber mitgebracht haben: Sie kommen mit einem offenen Lächeln und der Motivation „Ich habe hier etwas für dich!".

Während ich das schreibe, sehe ich die harten Geschäftsleute vor meinem inneren Auge zusammenzucken: „‚Ich hab dir etwas mitgebracht?' Ja bin ich denn der Weihnachtsmann!", werden manche denken. Sie werden vielleicht das Gefühl haben, dass hier statt praktischer Tipps eine Art Harmoniesoße über Ihrer Kommunikation ausgegossen wird. Aber keine Sorge! Etwas für andere zu tun, ist „good business".

Niemand macht das besser deutlich als der legendäre Sir Richard Branson. Der britische Multimilliardär gründete als Schulabbrecher mit seiner Rechtschreibschwäche und beeindruckenden Kommunikationsstärke die Virgin Group, einen Konzern, der mit einer Studentenzeitschrift und Schallplattenläden begann, dann einem Musiklabel, danach einer Airline und der heute in rund 400 Einzelunternehmen unter anderem auch Hotels, Kreuzfahrtschiffe und Weltraumtourismus anbietet. In seinem Buch The Virgin Way *macht Branson klar: Nur wenn ein Unternehmen das Leben seiner Kunden und auch seiner Mitarbeiter irgendwie verbessert, wird es nachhaltig Erfolg haben. „Wir hatten einfach nur eine gute Zeit", schreibt Branson, „wir hatten Spaß an dem, was wir taten, wir arbeiteten gern miteinander, und wir behandelten unsere Platten kaufenden Kunden quasi so, als gehörten sie zur*

Familie. Das gefiel ihnen, also kamen sie wieder … der Rest ist, wie man sagt, Geschichte.“

Das Thema Relevanz zeigt, wie wichtig eine emotional intelligente Kommunikation für gelingende Beziehungen und Kooperationen ist, egal ob zwischen zwei Menschen oder für große Organisationen. Wenn wir immer wieder erklären müssen und erklären wollen, was wir für die anderen tun, dann wird dies zum Leitmotiv unserer Arbeit beziehungsweise unseres Miteinanders.

Sie haben jetzt also die beiden ersten Schritte hin zu einer emotional intelligenten Kommunikation kennengelernt:

Erstens identifizieren Sie ihr Kommunikationsziel. Sie überlegen bewusst, was Sie emotional bei Ihrem Gegenüber ausrichten möchten und was Sie sagen müssen, um dieses Ziel zu erreichen.

Zweitens eröffnen Sie die Kommunikation damit, Ihrem Gegenüber zu sagen, was Sie für ihn oder sie tun möchten. Sie vermitteln direkt, wieso Ihre Botschaft Relevanz hat.

Damit kommen wir in einer ganz natürlichen Bewegung zur nächsten goldenen Regel für emotional intelligente Kommunikation: der Frage, wie Sie Bedürfnisse bei Ihren Gesprächspartnern erkennen und von Verlangen unterscheiden.

5 Kann ich etwas für dich tun? Bedürfnisse erkennen und erfüllen

Haben Sie mal versucht, einer Veganerin ein saftiges Rindersteak zu servieren oder einem Politiker ein Problem ans Herz zu legen, dessen Lösung weit über die nächste Legislaturperiode hinausreicht? Wahrscheinlich kämen Sie gar nicht auf solche Ideen. Intuitiv wissen Sie, dass keiner von uns ansprechbar ist für Dinge oder Erfahrungen, für die er oder sie kein Bedürfnis hat. Andererseits haben wir zwei offene Ohren für alles, was uns hilft, unsere tatsächlichen Bedürfnisse zu befriedigen. Wie wir in Kapitel 4 (s. S. 82 ff.) gesehen haben, ist deshalb in der Kommunikation die Aussicht auf Bedürfniserfüllung der leichteste und sicherste Weg, den Relevanzfilter einer Person zu durchdringen.

Um es gleich zu Anfang zu sagen: Es geht hier nicht darum, dass wir alle Egoisten sind. Im Gegenteil! Worum es geht, ist die Einsicht, dass unser Gehirn allem voran *eine* wichtige Aufgabe hat, nämlich uns am Leben und damit sich selbst zu erhalten. Und das heißt, es gibt unseren wirklichen Bedürfnissen immer Vorrang vor allem anderen. Das Wort „wirklich“ ist in diesem Zusammenhang wichtig, denn wir leben in Zeiten, in denen der Satz „Ich sterbe, wenn ich das Tattoo nicht bekomme!“ normaler Teenager-Sprech ist und kaum eine Augenbraue hebt. Jedoch handelt es sich dabei nicht um ein Bedürfnis, sondern um ein Verlangen – und ein solches kann man auch nach Heroin, Austern oder Luxusuhren haben. Ein Bedürfnis zu haben, heißt, dass ich etwas (teils sogar lebensnotwendig) *brauche,* wohingegen ein Verlangen bedeutet, dass ich etwas *will.* Ein unerfülltes Verlangen bringt uns also definitiv nicht um. Leider nehmen wir diesen Unterschied zwischen *brauchen* und *wollen* häufig nicht bewusst wahr und empfinden bei beidem eine ganz ähnliche Dringlichkeit, unser Ziel zu erreichen. Wir sind sogar dazu in der Lage, ein Verlangen so lange in ein Narrativ zu packen, bis wir es *unserer Wahrnehmung* als echtes Bedürfnis verkaufen können. Doch selbst wenn wir so ein „ich will" zu einem „ich brauche" rationalisieren, bleibt es im Kern ein Verlangen und wird kein wirkliches Bedürfnis.

Die Zahl unserer wirklichen, elementaren Bedürfnisse ist tatsächlich geringer, als wir vielleicht glauben möchten. Neben physiologischen wie Nahrung und Sex sind es die bereits genannten zwei Grundbedürfnisse, die unser Handeln motivieren (s. S. 49):

- Das Bedürfnis nach Verbundenheit mit anderen.
- Das Bedürfnis nach der freien Gestaltung unseres eigenen Lebens.

Emotional kompetente Kommunikation bedeutet, bei uns selbst und unserem Gegenüber „ich will" von „ich brauche" zu unterscheiden und dann das tatsächliche Bedürfnis zu befriedigen.

Um diese Erkenntnis in unserer täglichen Kommunikation anzuwenden, müssen wir aufmerksam Verlangen und Bedürfnisse unterscheiden – bei anderen und bei uns selbst. Nur wenn wir ein wirkliches Bedürfnis erkennen, können wir überhaupt helfen, es zu befriedigen. Erschwert wird uns das durch Rationalisierungen: Einerseits rationalisieren Menschen Verlangen zu Bedürfnissen, andererseits rationalisieren sie Bedürfnisse zu Belanglosigkeiten.

Rationalisierungen: Finde das Bedürfnis

Es könnte alles so einfach sein. Wären wir allesamt in der Lage, unsere Bedürfnisse und Emotionen zu erkennen und zu benennen, gäbe es keine Missverständnisse mehr. Jeder von uns wüsste jederzeit, was er braucht. Wir könnten es anderen mitteilen und uns gegenseitig helfen. Unsere Chancen auf ein glückliches Leben und ein bereicherndes Miteinander wären sehr viel größer, als es tatsächlich Fall ist. Denn wir machen es uns (natürlich) nicht so leicht. Wie wir gesehen haben, glauben wir, dass jedes Bedürfnis einen vernünftigen Grund braucht (s. S. 81 ff. / Relevanz). Als wäre die Erfüllung eines tatsächlichen Bedürfnisses, wie nach Verbundenheit mit anderen oder der freien Gestaltung unseres Lebens, nicht Grund genug. Da gehen wir mit unseren Bedürfnissen um, als seien es Konsumentscheidungen, als würden wir lediglich etwas wollen und nicht etwas brauchen.

Wir fesseln uns an einen geradezu pathologischen Zwang zur Vernunft. Nun ist der Mensch zwar vernunftbegabt, aber längst nicht immer vernünftig. Dass wir dennoch „normal" und „vernünftig" zu den Goldstandards unserer Gattung erhoben haben, deren knapp acht Milliarden Mitglieder in Wahrheit viel lieber individuell und emotional agieren, vertieft nur den Graben zwischen unserem Bestreben, vernünftig zu sein, und unserer emotionalen Natur.

Unser Alltag ist voll von kleinen und großen Rationalisierungen und scheinbar vernünftigen Narrativen. Das reicht vom Schnaps nach dem Essen, der angeblich bei der Verdauung hilft, bis hin zu furchtbaren Kriegen, die „vernünftig" begründet werden und über deren wahren Antriebe der Mantel des Schweigens gelegt wird. (George W. Bushs Aussage über Saddam Hussein – „This is the guy who tried to kill my dad one time" – vor der Invasion im Irak war ein seltener und verstörender Einblick in die wahren Motivationen hinter solch monumentalen Entscheidungen.)

Auf unseren rationalisierenden Geschichten gründet darüber hinaus die gesamte Konsumindustrie. Wir finden das neue Modell unseres Traumautos einfach super. Also suchen wir nach vernünftigen Gründen, die entsprechende Kaufentscheidung zu treffen. Schon wird die Geländespritschleuder zur einzigen Möglichkeit, die Familie unbeschadet im Schritttempo durch den Großstadtverkehr zu kutschieren. Es geht immerhin um Sicherheit! Es spricht einiges dafür, dass nur wenige der mehr als 70 Millionen Autos, die jedes Jahr weltweit verkauft werden, tatsächlich Vernunftkäufe sind. Ganz abgesehen von der Frage, ob ein globales Mobilitätskonzept auf der Basis und zu Lasten begrenzter Rohstoff- und Umweltressourcen überhaupt besonders vernünftig sein kann. Mal ehrlich, die Karre ist einfach geil, alles andere ist ein passendes Narrativ zum Kauf.

Jeder von uns ist in Narrativen gefangen, die unser vielfältiges Verlangen wie Bedürfnisse aussehen lassen, indem sie ihm gute Gründe andichten.

Dass Rationalisierungen alltäglich sind, bedeutet mitnichten, dass sie schlicht und simpel gestrickt wären. Häufig sind sie eher komplexer Natur, als wollten sie das dahinter liegende Bedürfnis besonders gut verstecken. Faktoren wie Glaubenssätze, Unternehmensstrukturen und Beziehungssysteme können einen großen Teil zu diesen Verstrickungen beitragen.

Narrative sind Schlüssel zu unserem Verständnis der Welt

Narrative, also Geschichten, bilden die Zusammenhänge für die vielen Dinge, die uns in unserem Leben berühren und die wir verstehen müssen. Ein Ereignis oder eine Begegnung ergeben dadurch erst Sinn, dass sie irgendwie in unsere Lebensgeschichte passen. Insofern macht das neudeutsche „macht Sinn“ (abgeleitet vom englischen „makes sense“) tatsächlich Sinn: Die Narrative, die wir uns selbst erzählen, *machen* buchstäblich den Sinn für unsere Wahrnehmungen. Aber:

Unser Narrativ zu einem Ereignis ist nicht das Ereignis! Es ist nur die Schublade, in der wir das Ereignis im Archiv unseres Lebens ablegen.

Wann immer wir kommunizieren – zuhörend oder redend –, dürfen wir diese Kulissenstadt der Narrative nicht außer Acht lassen. Die Grenzen zwischen dem tatsächlichen Ereignis und der wahrgenommenen, dazu selbst-erzählten Geschichte sind fließend, bei uns selbst und bei anderen. Hier gilt es, die sprichwörtliche Spreu vom Weizen zu trennen, damit wir nicht nachher Stroh im Kopf haben.

Jan ist ein kluger, meist freundlicher Mensch, der stets bemüht ist, es allen recht zu machen. Teilweise macht er sich förmlich klein, damit andere seinen Platz einnehmen können. Ihre Dankbarkeit und Freundlichkeit rechtfertigen Jans „Opfer", die er – das sagt er auch sich selbst – gerne bringt. Nur manchmal, wenn Jan das Gefühl hat, ihm gebühre mehr *Anerkennung,* mehr *Dankbarkeit und Freundlichkeit, dann verliert er „urplötzlich" die Fassung und jegliches Maß. Dann fängt er an zu brüllen und zu toben. Dabei ist er auch schon mit der Polizei angeeckt. Blitzartig eskalierende Situationen treffen Jan wie … ja … wie Blitze halt. Und ganz normale Meinungsverschiedenheiten werden in seiner Wahrnehmung zu Megakonflikten. Anschließend ergeht er sich in stundenlangen gedanklichen Rechtfertigungsschleifen, an deren Ende immer dieselbe Forderung steht: „Man müsse mir doch nur den nötigen Respekt entgegenbringen." Aber bitte: Welche Art von Respekt sollte ihm der Polizist ent-*

gegenbringen, der ihn dabei erwischte, wie er bei Rot über die Ampel fuhr, und den Jan anbrüllte, als hätte der Ordnungshüter gegen die Genfer Folterkonvention verstoßen, als er ihn zur Rede stellte.

Was Jan in solchen Situationen *will,* ist Respekt. Was er damit *meint,* ist: Er will nicht hinterfragt werden. Der Polizist soll ihn in Ruhe lassen. Diese Forderung nach Respekt ist eine Rationalisierung: „Wer mich anhält, behandelt mich respektlos!" Dieses Narrativ benennt aber nicht Jans eigentliches Bedürfnis. Was er *braucht,* ist ein Weg aus der Endlosschleife seiner alltäglichen selbstgewählten Erniedrigung durch „People Pleasing", die beinahe zwangsläufig in einem Verlust von Selbstrespekt endet.

Wer Konflikte auflösen und eine fruchtbare Zusammenarbeit entwickeln möchte, der muss seinen Blick (oder sein Ohr) also immer über die vorgeblichen Wünsche und Forderungen hinweg auf die dahinterliegenden Bedürfnisse richten. Nur wenn man Bedürfnisse erkennt, kann man anbieten, diese zu erfüllen, und erst dann findet wirklich Kommunikation statt. Das gilt in Eins-zu-eins-Gesprächen wie in Kommunikationssituationen mit vielen Beteiligten:

Die neu gebildete Abteilung „Z" ist eine Querschnittsorganisation. Sie soll mögliche Gefahren für das Kerngeschäft identifizieren und so das Unternehmen schützen. Eigentlich müsste sich jede andere Abteilung im Haus darüber freuen. Stattdessen holt sich das Team „Z" jedes Mal eine blutige Nase, wenn es versucht, andere Abtei-

lungen vor Unbill zu bewahren. Dies hat zu ernsthaften Konflikten geführt. Die bestehen nämlich darauf, dass sie allein die Fachexpertise haben, ihren Bereich betreffende Gefahren zu erkennen. Abteilung „Z" hält dagegen, nur sie habe die zeitlichen Ressourcen und den notwendigen Fokus, Gefährdungen zu identifizieren. Die Fachabteilungen schlagen zurück, ihnen wäre mehr geholfen, wenn sie selbst zusätzliches Personal bekämen. „Z" beharrt darauf, einen stärkeren Zugriff auf die Abteilungen zu bekommen, um noch effektiver zu helfen.

Was findet hier statt? Geht es wirklich um Gefahrenabwehr? Ja. Aber nicht um Gefahren von außen, vielmehr nehmen sich die einzelnen Abteilungen und „Z" gegenseitig als Bedrohung von innen wahr. Was sie wollen, sagen beide Seiten: mehr Kompetenzen, mehr Leute, mehr Zugriff. Also organisatorisch mehr Macht. Was sie *brauchen,* ist aber etwas ganz anderes. Sie fühlen sich in ihrer Kompetenz, ihrer Bedeutung und letztendlich auch in ihrer Existenz innerhalb der Organisation bedroht durch die Argumentation der jeweils anderen. Sie *brauchen* eine Bestätigung ihrer Daseinsberechtigung.

An dieser Stelle fragen Sie vielleicht: Kann es bei unserem Talent zur Rationalisierung überhaupt gelingen, eigene Bedürfnisse zu erkennen – und erst recht die Bedürfnisse von anderen? Die gute und beruhigende Nachricht ist, dass das durchaus möglich ist und Sie (und jeder andere Mensch) die Anlage zur Entschlüsselung von Bedürfnissen bereits in sich tragen.

„Du ruinierst mein Leben!" Wie viele Teenager-Eltern haben diesen Satz schon an den Kopf geworfen bekommen? Dabei wissen Eltern, dass es nicht darum geht, ob sie das Leben ihrer Sprösslinge ruinieren, das steht nicht ernsthaft zur Diskussion. Sie spüren, dass ihre verzweifelten Teenager ein Problem haben, bei dem sie Hilfe brauchen, die sie aber nicht annehmen wollen.

Teenager wollen „ihr eigenes Leben führen" und ihre Angelegenheiten selbst regeln. Was sie *brauchen*, ist deshalb nicht, dass wir eine Lösung für ihr Problem liefern, sondern Unterstützung dabei, es selbst zu lösen. Und sei es nur dadurch, dass wir ihnen zutrauen, dass sie das können.

Das Bedürfnis hinter diesem (und so gut wie jedem anderen) Narrativ ist zu erkennen, wenn Sie sich auf folgende zwei (einigermaßen) zuverlässige Quellen stützen:

1. Ihre Fähigkeit zur Empathie. Der können sie vertrauen.
2. Ihr Gegenüber selbst! Wenn Sie ihm oder ihr genau zuhören. Das braucht oft eine Menge Geduld.

Um hinter die Kulisse der Rationalisierungen vorzudringen, brauchen wir:

- Zeit und Geduld. Finden Sie einen Moment, in dem beide ohne Zeitdruck in Ruhe reden und zuhören können.
- Einen bewussten Verzicht auf die eigenen Rationalisierungen, sonst beschäftigen wir uns mehr mit unseren eigenen Bedürfnissen als mit denen unseres Gegenüber.

- Die richtigen Fragen. Wenn es um tatsächliche Bedürfnisse geht, müssen wir nach Gefühlen fragen, danach, was wir tun können, um die Situation zu verbessern. „Was brauchst du von mir?“ statt „Was willst Du von mir?“.

Emotionen wahrnehmen

Der nächste Konflikt in Ihrem Leben wird Ihnen als Grundlage für diese Übung dienen. (Da werden Sie wahrscheinlich nicht lange warten müssen.)

Fassen Sie schon jetzt den Vorsatz: „Ich werde nicht nach einer schnellen Lösung suchen, die das Problem für *mich* aus der Welt schafft. Ich will helfen, nicht recht haben." Damit nehmen Sie sich vor, Ihrerseits auf rationalisierende Narrative zu verzichten, die Ihre Position als die „einzig richtige" zementieren.

Ihr Ziel ist es, die Emotionen Ihres Gegenübers zu erkennen, die hinter seinen oder ihren Forderungen stehen. Fragen Sie danach!

- Wie kann ich Dir helfen?
- Was kann ich tun, damit Du Dich besser fühlst?

Emotionen sind Reaktionen auf Bedürfnisse und deren Resonanz in unserem Leben. Kennen Sie die Gefühle Ihres Gegenübers, sind Sie nah an seinen Bedürfnissen, dann klingt selbst „Ich fühle mich verarscht!“ nicht in erster Linie nach einem Vorwurf („Du verarschst mich!“), sondern wie ein Hilferuf („Du siehst mich nicht“ / „Du verstehst mich nicht“).

Wenn es Ihnen gelingt, auf Rationalisierungen zu verzichten und Fragen zu stellen, können Sie Hilferufe in vermeintlichen Vorwürfen freilegen und geraten selbst nicht in einen Verteidigungsmodus. Dann werden Sie dem, was Ihr Gegenüber wirklich braucht, ein ganzes Stück näher kommen und können eine gute Konfliktlösung anbieten. Theoretisch haben Sie nun ein gutes Bild davon, wie und wieso Rationalisierungen entstehen. Im Folgenden wollen wir solchen Rationalisierungen ganz praktisch auf die Schliche kommen.

Die Werbefalle: Wie wir Bedürfnisse wecken, statt Probleme zu lösen

Vor allem Organisationen und Unternehmen reagieren in Konfliktsituation oft leider nicht wie beschrieben und alles andere als emotional intelligent: Sie behandeln die Bedürfnisse von Mitarbeitern oder Kunden nicht als Chance zu helfen, sondern als Gelegenheit, eine Werbekampagne für ihre eigene Agenda zu starten. Anstatt lösungsorientiert nach Wegen zu suchen, Bedürfnisse zu befriedigen, bemühen sie sich vielmehr, deren Emotionen und Wahrnehmung ihrer Bedürfnisse zu verändern. Sie agieren vergleichbar mit der Werbung, die uns so lange suggeriert, dass wir etwas brauchen, bis wir es tatsächlich für ein Bedürfnis halten. Sie wecken bewusst eine neue Emotion und bieten dann eine rationalisierte Lösung an. So verkauft man, aber so löst man keine Konflikte!

Eines der verblüffendsten Beispiele für Rationalisierungen, die dem eigentlichen Bedürfnis völlig zuwiderlaufen, sind die Rechtfertigungsversuche öffentlicher Organisationen oder Unternehmen, wenn wieder mal auffällt, dass ihre Führungskräfte in steuerzahler- oder mitgliederfinanzierten Luxuslimousinen durch die Gegend fahren. „Wir bekommen die Autos doch billiger. Das ist gar nicht so schlimm!", befleißigen sich dann die Pressestellen abzuwiegeln. Tatsächlich ist der finanzielle „Schaden" natürlich geringer, wenn man weniger für die Karossen bezahlt.

Aber was steht denn hinter der Klage über solche Privilegien? Doch nicht die Sorge um die öffentlichen oder die Unternehmens-Haushalte! Es geht in Wirklichkeit um Gerechtigkeit. Einem Menschen, der sich ungerecht behandelt fühlt, zu erklären, man bezahle für das Statussymbol doch nur zwei Drittel von dem kleinen Vermögen, das er selbst für ein solches Auto bezahlen müsste, hilft nicht nur nicht, es könnte kontraproduktiver kaum sein!

Was geschieht, wenn Organisationen so reagieren? Sie fallen auf ihre eigenen rationalisierenden Narrative herein! Sie fahren die Luxusautos nämlich *nicht*, weil sie so wunderbar kostenneutral sind. Sie fahren sie, weil sie das toll finden. Der Rest ist Rechtfertigung, also Narrativ.

Wir könnten uns jetzt ein Viertelstündchen Zeit nehmen und ganz herzlich über solche Dinge lachen, Beispiele dafür gibt es sicherlich genug. Aber wenn wir uns dann die Freudentränen über die Blödheit der anderen aus den Augen gewischt haben, wird es Zeit für ein Eingeständnis: Wir machen das alle so!

Bedürfnisse entwirren

Neben der Suche nach den Emotionen, die einer Forderung zugrunde liegen, gibt es eine weitere Strategie, um eine (Konflikt-)Kommunikation in eine starke Kooperation zu überführen. Dazu nehmen Sie die Narrative (Ihres und das Ihres Gesprächspartners) genauer in den Blick:

Wer es schafft, Rechtfertigungs- und andere Narrative als solche wahrzunehmen und diese von den wahren Bedürfnissen zu trennen, der wird emotional intelligenter kommunizieren – als Sender wie als Empfänger.

Was brauchen wir?

Machen Sie es sich zur Gewohnheit, bei jedem Gespräch die „Ich-will"-Informationen Ihres Gegenübers von den „Ich-brauche"-Informationen zu trennen. Die Fragen aus der Übung „Emotionen wahrnehmen" (s. S. 110) ermöglichen es Ihnen, Forderungen von Bedürfnissen zu unterschieden (s. S. 150).

Orientieren Sie Ihren Kommunikationsbeitrag immer an den „Ich-brauche"-Informationen, indem Sie nach

Emotionen Ausschau halten. Machen Sie sich nebenbei Notizen:

- Welche Emotionen zeigt mein Gegenüber und was ist das zugrunde liegende Bedürfnis?
- Was kann ich für ihn oder sie tun, wie kann ich helfen?
- Gibt es eine Schnittmenge mit meinen eigenen Bedürfnissen?

Machen Sie den „Gegencheck" und nehmen Sie die vorhandenen Narrative in den Blick:

- Was ist das Narrativ meines Gegenübers zum besprochenen Thema?
- Was ist mein eigenes Narrativ?
- Stehen diese Narrative einer Lösung im Weg?

Dies sind komplexe Fragen, also müssen Sie sich unter Umständen die Freiheit nehmen, im Gespräch nicht immer sofort zu antworten. Das muss okay sein – und es wird okay sein, wenn Sie Ihre ernsthafte Absicht kommunizieren, eine zufriedenstellende Antwort zu geben.

Lassen Sie sich von der vermeintlichen Komplexität der Übung nicht abschrecken. Die beschriebenen Schritte meistern Sie aller Wahrscheinlichkeit nach bereits intuitiv. Wenn Sie es sich jetzt noch zur Gewohnheit machen, bewusst nach „Ich-brauche"-Informationen Ausschau zu halten, schulen Sie ganz einfach Ihre Aufmerksamkeit für Bedürfnisse und können in einen besseren Austausch treten. Es verringert auch nachhaltig die Gefahr, dass kleine Alltagsgespräche auf spektakuläre Art und Weise schiefgehen (vgl. S. 33).

Niemand, dem etwas an seiner Beziehung liegt, würde auf die Frage „Hast du Lust, zum Abendessen zum Italiener zu gehen?" mit einem knappen „Nein" antworten (auch dann nicht, wenn es die aufrichtige Antwort ist). Stattdessen sagen wir vielleicht etwas wie „Ich habe gehört, der neue Grieche an der Ecke ist ziemlich gut!".

Auch darauf erwartet man keine Entgegnung auf der rein sachlichen Ebene wie „Du hast gehört? Ach, dein Hörgerät funktioniert wieder!" oder „Was hat denn der Grieche mit dem Italiener zu tun!". Wir wissen in der Regel, dass der scheinbar zusammenhanglose Hinweis auf den Griechen in Wirklichkeit bedeutet: „Schatz, ich gehe gerne mit Dir essen. Aber ich würde lieber zum Griechen gehen."

Wir unterscheiden in solchen Situationen Forderung, Emotion und Bedürfnis ganz locker aus der Hüfte:

„Ich will" → zum Italiener gehen

„Ich fühle mich nach" → einer Auszeit im Restaurant

„Ich brauche" → deine Zeit und deine Aufmerksamkeit. Und was zu essen!

Das Erkennen von Bedürfnissen und Narrativen ist wie die emotional intelligente Kommunikation als großes Ganzes ein Prozess, der mal besser und mal schlechter gelingt. Vielleicht finden Sie zu einer Person schlicht keinen Zugang, vielleicht sind Sie selbst in einer Situation zu sehr in Ihr eigenes Narrativ verstrickt – solange wir es versuchen und üben und unsere Aufmerksamkeit für Forderungen, Emotionen und Bedürfnisse schulen, sind wir bereits ein großes Stück näher an gelingender Kommunikation.

Menschen treten in Austausch miteinander, weil sie Informationen benötigen. Wir müssen Dinge erfahren, die wir nicht wissen. Hilfe bekommen, die wir nicht haben. Alliierte finden, damit wir nicht allein sind. Freunde, damit wir Verbundenheit erfahren. All das sind verdammt gute Gründe für Kommunikation. Und dass es allen so geht, ist ein verdammt guter Grund, richtig miteinander zu kommunizieren.

Die bewusste und achtsame Suche nach einer Win-win-Situation ist oft ein gutes Leitmotiv für emotional intelligente Kommunikation.

6 Märchenstunde: Funktionen und Fallstricke von Narrativen

Bleiben wir noch einen Moment bei Narrativen, also den Geschichten, die unser Leben erzählen, die unsere Werte prägen, unsere Lernerfahrungen einordnen und unserem Leben Zusammenhang und Sinn geben. Yuval Noah Harari beschreibt diese Funktion in seinem Buch *21 Lektionen für das 21. Jahrhundert*: „Eine gute Geschichte muss mir also eine Rolle zuweisen und muss meine Horizonte übersteigen, aber sie muss nicht notwendigerweise wahr sein. Eine Geschichte kann reine Fiktion sein und mir trotzdem eine Identität verschaffen und mir das Gefühl vermitteln, mein Leben habe einen Sinn." Das ist es, was unsere Geschichten für uns tun: Sie geben unserem Leben Sinn, sie erzählen uns den Sinn.

Das bedeutet jedoch längst nicht, dass *jede* Story, die sich uns anbietet, sinnstiftend ist. Im Gegenteil. Die schlimmsten Massenmörder der Menschheit – Hitler, Stalin, Pol Pot, Idi Amin und leider noch zahllose andere – hatten ein narratives Gerüst um ihre Blutrünstigkeit, Machtsucht, Gier, ihren Sadismus und Narzissmus konstruiert. Und in unserer Zeit global maximierter spiritueller Armut blühen heute wieder Geschichten auf, die uns in die Irre leiten wollen. Unsere Bedürftigkeit nach solchen einordnenden Narrativen scheint größer denn je und macht uns sehr anfällig für vermeintlich sinnstiftende Erzählungen. Das Problem ist, dass sich Rechtfertigungen für Untaten und fehlgeleitetes Verhalten für das Gehirn genauso beruhigend und strukturgebend anfühlen wie von Empathie und Nächstenliebe getragene Geschichten, wenn wir uns einmal darauf eingelassen haben, ihnen zu trauen.

Narrative sind unser Versuch, alle Informationen in einen erzählten Zusammenhang zu bringen. Das ist eine wichtige Funktion. Aber: Diese Geschichten können unser Bild von unserer Welt und unseren Mitmenschen bis zur Unkenntlichkeit verzerren. Schlimmstenfalls werden sie zu einem Lügengebäude. Da sie so oder so immer allgegenwärtig sind, wenn Menschen miteinander in Austausch treten, lohnt es sich, die Funktionen und Fallstricke dieser Geschichten genauer zu betrachten.

So wie wir uns unser Leben in unseren eigenen Narrativen erzählen, so reden wir auch mit den „Protagonisten" in unserer Lebensgeschichte. Da entstehen ganze Dialoge, die viel darüber sagen können, wie wir demnächst in einer ähnlichen Situation kommunikativ reagieren. Wir erproben die Dialoge aus unseren Geschichten immer wieder neu. Sie werden zu Handlungsmustern. Und so prägen unsere Geschichten unsere Kommunikation.

Wir kennen alle das ungute Gefühl, wenn jemand uns Unrecht getan hat. Oft macht es uns sprachlos, sodass wir dem narrativen Gerüst, das der andere um sein Verhalten gebaut hat, zunächst ohnmächtig ausgeliefert sind. Erst im Nachhinein, wenn wir das Geschehene verarbeiten, entsteht unsere eigene Erzählung. Jetzt fällt uns auch eine passende Entgegnung ein. Das kann eine massive Reaktion sein, die die Opposition regelrecht niederstreckt, aber auch ein souveränes Schweigen. Für welches Narrativ wir uns entscheiden, wird wesentlich prägen, wie wir demnächst in einer ähnlichen Situation reagieren und wie wir die nächste Geschichte schreiben.

Leider sind wir in der Konstruktion unserer Narrative nicht so frei, wie wir gerne glauben: Unsere Verhaltens- und Kommunikationsmuster sind nicht nur von unseren Erfahrungen und Überlegungen geprägt, sondern zunehmend auch von all den Narrativen, die uns als kommerzielle Ware jeden Tag angeboten werden, von der Werbung bis zur Unterhaltung. Daraus resultieren zwei Fallen, die unsere Kommunikationsbemühungen allzu oft in die irre leiten: rhetorische Wunder und Heldengeschichten.

Rhetorische Wunder gibt es nicht

Wir haben in unseren westlichen, stark von Entertainment geprägten Gesellschaften ein völlig verkorkstes, unrealistisches und kontraproduktives Bild von der Wirkkraft unserer Kommunikation. Anstatt aufgrund von Erfahrungswerten und vernünftigen Überlegungen die emotionale Wirkung unserer Botschaften abzusehen, verlassen wir uns auf Entertainment-Narrative, die wir abgespeichert haben und die allzu oft ein falsches Bild vom wahrscheinlichen Ausgang einer Kommunikation liefern. Dann reagieren die Adressaten dessen, was wir sagen, auf einmal überraschend anders als erwartet und es entstehen Verwirrung, Enttäuschung und manchmal auch Konflikte.

Im Film „Der Duft der Frauen" aus dem Jahr 1992 spielte Al Pacino den alternden und erblindeten Militär Frank Slade, der sich aus sentimentalen Gründen eines Studenten angenommen hat. Der junge Mann, Charlie, gerät in Schwierigkeiten, weil er einen Kommilitonen an der Uni nicht verpfeifen will. Lieber nimmt er einen Schulverweis in Kauf. Da ergreift Slade vor der Schulversammlung das Wort für ihn: „Ich bin nun am letzten Scheideweg meines Lebens angekommen. Aber ich habe immer gewusst, welcher der richtige Weg ist, ich wusste es. Aber ich bin ihn nie gegangen. Wissen Sie warum? Es war zu schwierig. Hier ist Charlie. Auch er ist an einer wichtigen Wegkreuzung angekommen. Und er hat sich für einen Pfad entschieden, für den richtigen Pfad. Das ist der Pfad der Aufrichtigkeit und er führt zu Charakter. Lassen Sie ihn seine Reise fortsetzen. Dieses Komitee hält die Zukunft dieses Jungen in der Hand. Es ist eine vielversprechende Zukunft, das können Sie mir glauben. Zerstören Sie sie nicht! Beschützen Sie sie. Umarmen Sie sie. Sie werden eines Tages sehr stolz darauf sein, das verspreche ich Ihnen."

Auch wer den Film nicht gesehen hat, kennt den Ausgang so sicher wie das Amen in der Kirche: Der Saal bricht in tosenden Applaus aus. Die Worte des blinden Veteranen haben alle ergriffen. Und selbst die übelsten Fieslinge können nicht anders, als für Charlies Verbleib an der Universität zu jubeln. Ein Happy End durch perfekte Rhetorik.

Al Pacino hat sich mit seiner Performance einen wohlverdienten Oscar als bester Darsteller herbeigeredet. Die große Rede ist großes Kino. Das ist nicht selten. Von den Piraten der Karibik bis zur Wall Street zieht sich eine ganze Milchstraße der Stars der bewegenden Worte. Und immer wieder werden wir mit einer einfachen Lektion zwischen Popcornresten und knutschenden Pärchen aus dem Kino nach Hause geschickt:

Wenn du nur die richtigen Worte findest, löst sich jeder Konflikt in Wohlgefallen auf!

Das prägt. Wir sind dermaßen durchdrungen von den fiktiven Wunderwerken perfekter Rhetorik, dass wir der Legende aufsitzen. Egal ob in der Krise mit dem Partner oder der Meinungsverschiedenheit mit dem Chef … ein paar klug gewählte Sätze, schon legt sich der verbale aufgewirbelte Staub, die zum Duell gezückten Revolver gleiten zurück in den Holster und gemeinsam reiten wir in den Sonnenuntergang …

Das ist gutes Entertainment. Es macht Hoffnung, dass wir uns anscheinend aus jeder Klemme herausschwätzen können. Aber sollten wir in der Realität ernsthaft darauf hoffen, dass unsere Widersacher ihre Position als fadenscheinig und brüchig einschätzen, dass sie nur allzu bereitwillig die Seite wechseln, wenn wir erstmal das rhetorische Tischfeuerwerk gezündet haben? Was sollen das denn für Knallfrösche sein?!

> *Das Unternehmen ist in keiner leichten Situation. Die Umsätze gehen zurück, die Kosten steigen. Es geht das Gerücht um, dass eine Kündigungswelle ansteht. Doch die Leitungsebene hat beschlossen, erstmal keine Mitarbeiter zu entlassen. Der Sprecher der Geschäftsführung hat für die einberufene Personalversammlung eine Rede vorbereiten lassen, mit der er die angeschlagene und von Angst geprägte Stimmung herumreißen will. Er sieht sich schon auf der Bühne, jedes Wort sitzt, seine Pausen sind perfekt getimt, seine Stimme vermittelt Sicherheit und die Belegschaft bricht in tosenden Applaus aus. Die ersten rasen voller Tatendrang zurück an Werkbank oder Schreibtisch, in freudiger Erwartung besserer Zeiten. Das wird richtig gut!*

Sie ahnen, was passiert: Im richtigen Leben läuft die Sache anders. Die Mitarbeiter bangen um Ihre Anstellung und haben Existenzängste. Sie erleben Emotionen, die sich nicht auf der kognitiven Erfahrungsebene wegargumentieren lassen. Das ist, als wollte man Kopfschmerzen behandeln, indem man sich die Zehennägel lackiert! Mit vernunftmäßigen Argumenten gegen Gefühle zu argumentieren, geht nicht. Auch wenn es im Gehirn keine streng abgetrennten „Abteilungen“ für unterschiedliche Aufgaben gibt, ist es unsere rechte Gehirnhälfte, die vorrangig mit unseren Emotionen, Erfahrungen und bildlichen Vorstellungen umgeht. Und die linke, die sich auf der rationalen Ebene mit Fakten, Logik und analytischem Denken beschäftigt.

In unserem Beispiel bedeutet das: Die empfundene Bedrohung des Arbeitsplatzverlustes ist losgelöst von dem Detail, ob sie heute entlassen werden oder vielleicht erst morgen. Da passiert im Gehirn genau dasselbe. Nur dass man sich noch nicht einer Lösung zuwenden kann, weil die Situation ja noch gar nicht eingetreten ist. Dementsprechend wird unser tapferer Manager enttäuscht werden. Bestenfalls höflicher Applaus wird ihm zuteilwerden. Rhetorische Wunder sind – wie alle Wunder – selten.

Der Held in meinem Film bin ich

Man weiß nicht so genau, was Huhn ist und was Ei: Die Realität prägt das Entertainment und das Entertainment prägt die Realität. 1991 gab es in meiner damaligen Heimatstadt Washington D.C. 482 Morde. *Diese* tödliche Realität, in der vor allem viele Afroamerikaner existieren mussten, ging einher mit dem Siegeszug der Rapmusik. Die brutalen Gegebenheiten der Ghettos wurden in den Texten zu Heldengeschichten idealisiert. Intelligente Musiker (manchmal) mimten grobe Typen mit einem IQ von Raumtemperatur, verherrlichten Gewalt, Sexismus und Drogen. Und siehe da: Bald kopierten die weißen Mittelklassekids in den sicheren Vorstädten den Style, das Vokabular und die Gesten, die man noch ein halbes Jahrzehnt zuvor mit starken Medikamenten behandelt hätte.

Das Narrativ der Rapper wirkte auf die Kommunikation einer ganzen Generation – auch wenn nur wenige tatsächlich direkte Berührungspunkte mit der Lebensrealität hatten, aus der die Kunstform des Rap geboren war.

Genauso prägen Filme, Serien und neuerdings Influencer und Social-Media-Inhalte heute unsere Art zu kommunizieren. Wer wissen will, wie wir morgen miteinander reden, der muss sich nur heute das Entertainment anschauen. Darüber hinaus prägen sie unser Bild von uns selbst und beeinflussen, welche Rolle wir uns in unseren Narrativen zuschreiben möchten.

Wir adaptieren die Geschichten, die uns als Unterhaltung vorgesetzt werden, für unser eigenes Leben und besetzen uns selbst darin in der Heldenrolle. Vielleicht ist das eine wesentliche Quelle einer sich pandemisch ausbreitenden Unzufriedenheit und Entwurzelung: Unsere eigenen Narrative haben nur noch wenig mit unseren Lebenserfahrungen zu tun, sondern imitieren die vielen von uns konsumierten Produkte der Unterhaltungsindustrie und sozialen Medien.

Das Leben ist nicht wie im Film. Deshalb sind Filme so geil.

Ironischerweise werden so die Instrumente unserer Massenkommunikation zu Kommunikationskillern: Wir stecken fest in den Narrativen einer gewinn maximierten Unterhaltungsindustrie und verlernen, unsere eigenen Geschichten sorgfältig zu erzählen und die unserer Nachbarn zu schätzen als das, was sie sind: der in einen individuellen Zusammenhang gesetzte ganze Reichtum eines tatsächlich gelebten Lebens.

Warum verlieren wir uns so leicht in Geschichten, die gar nichts mit unserem Leben zu tun haben? Die Antwort ist erschreckend einfach: Gutes Entertainment berührt uns genauso wie das richtige Leben. Die Gehirnaktivierungen sind beim Betrachten fiktiver Situationen dieselben wie beim tatsächlichen Erleben. Die Darsteller auf einer Bühne und die Akteure auf dem Bildschirm haben *eine* wichtige Aufgabe: Sie sollen und wollen uns möglichst glaubhaft vermitteln, dass das, was wir da gerade als Zuschauer miterleben, tatsächlich geschieht. Und weil unser Gehirn auf „verdächtig" genauso reagiert wie auf „Oscar-verdächtig", gelingt ihnen das auch.

Das bleibt nicht ohne Folgen. Denn wenn wir die Konflikte als real erleben, dann erleben wir auch die Konfliktlösungen entsprechend. Dann wird aus der filmischen Wunder-Rhetorik und der alles ins Positive kehrenden Rede eine echte Handlungsoption.

Die Geschichten, die uns die Unterhaltungsindustrie vorsetzt, sind wie Fastfood für unser Gehirn. Wir saugen diese Narrative auf und speichern sie als Lösungsmodelle ab – und machen uns lieber keine Gedanken darüber, ob das wirklich gesund ist.

Außer vielleicht bei unseren Kindern: Zu Recht bangen viele Eltern, dass Gewaltverherrlichung deren Verhalten zum Negativen verändert. Wer jeden Tag stundenlang und mit Erfolg an der Konsole knifflige Probleme durch massiven Schusswaffeneinsatz löst, dem dürfte es schwerfallen, das im echten Leben auf einmal anders zu machen. Dabei scheint es völlig belanglos, ob der Schusswaffeneinsatz tatsächlich nur in einem Videospiel oder einem Unterhaltungsprogramm simuliert wird. Bei unseren Hoffnungen scheint es schwieriger, die irreführende Kraft der Narrative zu durchschauen. Denn was für den massiven Schusswaffeneinsatz gilt, gilt auch für massiven Rhetorikeinsatz: Wer immer wieder sieht, wie dieser die Opposition reihenweise umfallen lässt, der wird diese Lösung als Handlungsoption abspeichern. Das wäre klug. Wenn es nur so wäre. Aber so ist es nicht.

Es gäbe eine wichtige Voraussetzung, damit so etwas funktionieren könnte: Unsere Kommunikation müsste unser Publikum dazu bringen, die Dinge genauso zu sehen, wie wir sie sehen. Tatsache ist aber, dass das praktisch nie der Fall ist. Vielmehr müssen wir davon ausgehen, dass in einem voll besetzten Raum genauso viele unterschiedliche Wahrnehmungen vorhanden sind wie Personen. Jeder sieht die Situation anders. Jeder ist anders betroffen, wenn überhaupt, und jede hat andere Interessen. Jeder hört etwas anderes von dem, was gesagt wird, als seine Nachbarin. Dass alle diese verschiedenen Menschen mit ihren unterschiedlichen Wahrnehmungen gleichzeitig dieselbe Kurve auf dem steinigen Pfad zur Weisheit nehmen und dass das genau der Kurs ist, den ein kluger Redner gerade im Sinn hat, das ist nicht nur statistisch mehr als unwahrscheinlich. Es ist eine Annahme, die unsere Kommunikation ruiniert. Wie schrieb es der US-amerikanische Thrillerautor Tom Clancy so anschaulich in einem seiner Romane: „Assumptions are the mother of all fuck-ups!" Annahmen sind die Mutter aller ... na ja, Fuck-ups eben!

Wie kann man so doof sein!

Diese Diskrepanz zwischen Wahrnehmungswelten entsteht übrigens auch ohne die komplizenhafte Mithilfe der Unterhaltungsindustrie. Auch unsere *eigenen* Annahmen erliegen der oft diametral entgegengerichteten Unterschiedlichkeit von *meiner* Wahrnehmung und *deiner* Wahrnehmung einer Sache. So gehen zum Beispiel Konfliktgespräche genau an dem Punkt schief, an dem unsere Gesprächspartner frecherweise und völlig weisheitswidrig nicht einsehen wollen, dass wir recht haben. Eine Tatsache, die uns selbst doch allzu offensichtlich ist! Wie kann man so doof sein! Oder so bockig!

Das ist sehr häufig der Einstieg zur nächsten Eskalationsstufe. Von der Kneipenschlägerei bis zur Trennung eines Paares, das sich eigentlich sehr liebt. Der Vorgesetzte oder der Elternteil, der laut leidend ausruft: „Bin ich denn nur von Idioten umgeben?", verkörpert diesen Irrtum. Wer ist denn der Idiot, wenn nicht jener, der nicht kapiert, dass seine Gedanken nicht „die Weisheit" sind, sondern nur seine Gedanken. Und dass andere Menschen das ganz anders sehen!

Zu Risiken und Wirkungen fragen Sie sich selbst

Denken Sie vor Ihrem nächsten Gespräch darüber nach, welche Wirkung Ihre Kommunikation haben soll. Dann fragen Sie sich: Woher kommt diese Erwartung?

- Ist es eine Idealvorstellung, die ich aus meinem Erfahrungsschatz aus „Entertainment" geschöpft habe?
- Handelt es sich um einen Arbeitskontext: Gibt es vielleicht im Unternehmen eine Gruppendynamik, die ohne Hinterfragen von einer bestimmten Wirkung ausgeht?
- Ist meine Erwartung an die Reaktion meines Partners nur die Spiegelung meiner eigenen Vorstellung von Richtig und Falsch?
- Gebe ich mich einem Wunschdenken hin, das nur aufgrund meiner abgespeicherten Muster realistisch aussieht?
- Gibt es tatsächlich eine realistische Grundlage für meine Erwartungen?
- Was ist eine realistisch zu erwartende Wirkung meiner Kommunikation?

Jetzt mag man sich natürlich fragen, was an alledem eigentlich so schlimm ist. Ist eine sensationell gut gehaltene Rede nicht etwas Erstrebenswertes, wenn man schon vor anderen sprechen muss? Sind die klaren und zugleich einfühlsamen Worte des Helden, der dem Bösewicht die Knarre aus der Hand und die Tränen in die Augen flüstert, oder der Angebeteten die Klamotten vom Leib säuselt, nicht ein tolles kommunikatives Ziel? Ja. Aber wir wissen alle, wie schwer es ist, die große Rede zu halten und die richtigen Worte zu finden.

Was wir aus dem Entertainment lernen können, ist: Jede Information braucht einen Kontext, jede Lernerfahrung eine Geschichte. Wer emotional intelligent kommunizieren will, muss sich in diesen Geschichten bewegen oder neue anbieten, die die Bedeutung dessen, was wir sagen, klarmachen. Deshalb berühren uns gut geschriebene Romane: Sie bieten uns ein Gerüst, in der wir Personen und ihre Handlungen und Äußerungen in ihrem Kontext verstehen können. Gleich einer emotionalen Pauschalreise, auf der Anreise, Transfers und Unterkunft geklärt sind.

Zum Glück ist emotional intelligente Kommunikation keine Übung in Perfektion. Sie braucht keine aus Traumfabriken importierte Lösungsschablonen verwirklichen. Auch wenn sie uns Geduld und Einfühlsamkeit abfordert: Allein wenn wir aus unserem Heldennarrativ heraustreten und berücksichtigen, dass der eigentliche Erfolg jeder Kommunikation vom Empfänger abhängt, schaffen wir in der Regel, ziemlich gut zu kommunizieren, manchmal sogar richtig gut.

7 Austausch auf Augenhöhe: Miteinander reden braucht Respekt

„Ich seh' dir in die Augen, Kleines!" ist wahrscheinlich einer der meistzitierten Sätze der Filmgeschichte. In *Casablanca* raunte Humphrey Bogart diese Worte seiner Filmpartnerin Ingrid Bergman zu. Auf die etwas spröde Art des Hauptdarstellers in der Rolle des „Rick" klingt der Trinkspruch irgendwie verbindlich. Aber mal Hand aufs Herz: Würden Sie das Ihrer Chefin sagen, wenn Sie nach getaner Arbeit und zu gegebenem Anlass die Gläser heben, um auf einen Erfolg anzustoßen? Versuchen können Sie es ja mal! Vielleicht ist es ohnehin Zeit für einen neuen Job.

Das Problem: „Ich seh' Dir in die Augen, Kleines" klingt zwar auf Augenhöhe gesprochen, ist es aber nicht. „Kleines" ist kleiner als der große Rick. Es ist eine herablassende verbale Geste. Im möglichen Wechselspiel der Unterwerfungen in einer tiefen Liebe mag das funktionieren. Aber nicht immer und definitiv nicht woanders. Wenn die Chefin also nicht Objekt einer tiefen, gegenseitigen Liebe ist, empfiehlt es sich, den Spruch unausgesprochen zu lassen.

Meistens ist es sowieso umgekehrt und es sind diejenigen, die in irgendeiner Hierarchie weiter oben stehen oder oben zu stehen glauben, die nicht auf Augenhöhe kommunizieren. Vom belehrenden oder gar höhnischen Unterton bis hin zu vorsätzlichen verbalen Verletzungen. Es gibt Menschen, die kränken andere scheinbar einfach nur, weil sie es können. Tatsächlich zementieren sie damit aber jedes einzelne Mal ihren höheren Rang in einer Hierarchie. Sie vermitteln „Ich stehe über dir, ich darf das und du musst es hinnehmen". Dabei spielt es überhaupt keine Rolle, ob die wahrgenommene Hierarchie tatsächlich gegeben ist. Ein Machtgefälle kann auch reine Einbildung sein.

Folgende Szene spielt sich mit hartnäckiger Beharrlichkeit immer wieder ab. Wann immer die Mutter eine Verhaltensänderung wünscht, eine bestimmte Aktion oder ein Einschwenken auf ihre Ansichten, geschieht dies in einem kaum verschleierten Befehlston an die Tochter im Teenageralter. Mit „Schatz, kannst du nicht mal endlich …" oder „Schatz, du musst einsehen …" beginnen die Sätze, die zuverlässig zu einer hitzigen Diskussion und nicht selten zum tobenden, türenschlagenden Streit führen. Am Ende stehen immer die Rechtfertigung „Ich bin schließlich deine Mutter!" und die Retourkutsche „Du hast mir gar nichts zu sagen!".

Solche Dialoge sind schmerzhafte Erfahrungen für Tausende von Eltern und Teenagern. Und sie sind sehr, sehr unnötig und vermeidbar. Gleichgültig, was die Mutter sich nämlich an Verhalten oder Entgegenkommen von ihrer Tochter wünscht, was sie ihr eigentlich kommuniziert, ist: „Ich kann dir sagen, was du denkst, fühlst oder tust." Sie agiert wie eine Vorgesetzte, die ihre Macht ausspielt. Für eine Teenagerin, die sich gerade – oft in einem sehr verwirrenden und schmerzhaften Prozess – mit dem Recht auf Selbstbestimmung und der Freiheit, ihr eigenes Leben zu gestalten, vertraut macht, ist diese Aussage ein Schlag ins Gesicht. Sie erfährt in diesem Moment das Gegenteil von Selbstbestimmung und Freiheit, nämlich „Ich sage dir …!", „Ich bestimme!". Es ist ein klassisches Hierarchiegefälle, in dem die eine Partei der Meinung ist, „bestimmen" zu können, während die andere dieses Recht verweigert und auf Selbstbestimmung besteht.

Es hilft folgende Szene, um die Schwäche der Kommunikationsstrategie darzustellen: Würden Sie in luftige Höhe auf die oberste Sprosse einer hohen Leiter steigen, um ein schwieriges Gespräch mit jemandem zu führen, der an deren Fuße steht? Wie groß ist die Gefahr, dass Sie oben das Gleichgewicht verlieren? Oder dass ihr Gesprächspartner unten fest gegen die Leiter tritt?

Niemand würde in dieser hilflosen Position ein schwieriges Gespräch führen. Warum also machen wir es auf der Hierarchieleiter?

Es ist eine einfache Einsicht und sie setzt sich glücklicherweise nach und nach durch – wenn auch langsam. In modernen Unternehmen ist es heute völlig normal, dass auch Vorstandsvorsitzende geduzt werden, egal ob von gleichgestellten Kollegen oder Praktikanten. Weisungen werden höflich vorgetragen und nicht in Befehlsform. Solche Unternehmen haben gelernt, dass starre Hierarchien emotional intelligente Kommunikation verhindern können. Die Grundbedürfnisse nach Verbundenheit und Selbstbestimmung werden durch hierarchische Gefälle in der Kommunikation verletzt – auf beiden Seiten. Dadurch entsteht massiver emotionaler und sachlicher Schaden. Die Duz-Kultur kann dazu beitragen, die gefährlichsten Auswirkungen von hierarchischen Systemen in Organisationen zu verhindern oder zumindest abzumildern. Wer sich selbst über einen anderen stellt, verhindert auch, dass er oder sie selbst als Mensch mit Bedürfnissen wahrgenommen wird. Das macht Führungskräfte einsam und doof: Sie isolieren sich von der Expertise ihrer Mitarbeiter, indem sie diese zum Befehlsempfänger und zum Objekt degradieren. Umgekehrt nimmt man Mitarbeitern ihr Recht auf berufliche Selbstbestimmung und Entfaltung.

Andersherum ist durch eine Kommunikation auf Augenhöhe der funktionale Teil von Hierarchie – einer muss die Verantwortung tragen – noch nie vernichtet worden. Der Praktikant, der meint, nur weil er den CEO duzen kann, könne er sich respektlos verhalten, ist die seltene Ausnahme. Außerdem wäre er im nächsten Moment wahrscheinlich kein Praktikant mehr. Und das läge dann an seiner Respektlosigkeit und nicht an einem Mangel an Hierarchie. Die Gefahr einer Art Anarchie im Unternehmen aufgrund von Kommunikation auf Augenhöhe ist schlichtweg nicht gegeben.

Emotional intelligente Kommunikation lässt sich auf das Risiko eines hierarchischen Gefälles gar nicht erst ein. Selbst eine tatsächlich gegebene Hierarchie wird nicht dadurch gefährdet, dass man auf Augenhöhe miteinander redet.

Spätestens an dieser Stelle werden Anhänger hierarchischer Führungsideen schmerzgeplagt das Gesicht verziehen. Bitte schön … es ist Ihr Gesicht! Tatsache ist: Die meisten alten Glaubenssätze haben sich längst selbst widerlegt.

> *Es hält sich in manchen Organisationen die Legende, dass es leichter sei, jemanden „Du Arschloch!“ zu nennen als „Sie Arschloch!“. Diejenigen, die sich deshalb von Mitarbeitern siezen lassen – oft während sie selbst diese Mitarbeiter mit dem Vornamen anreden! –, übersehen dabei, dass die Gefahr, von einem Mitarbeiter mit „Du Irgendwas!“ beschimpft zu werden, grundsätzlich gering ist. Offene Beleidigungen werden schließlich nicht toleriert, weil sie gegen die Verpflichtung zum respektvollen gegenseitigen Umgang verstoßen. Viel wahrscheinlicher ist es, dass Mitarbeiter „Du Arschloch!“* denken. *Und an dem Punkt gehen Wertschätzung, Respekt und konstruktive Umgangsformen ungesehen den Bach hinunter.* Darin *steckt die eigentliche Gefahr.*

Die einzige Möglichkeit, sicherzustellen, dass andere einen nicht für ein Sie-wissen-schon halten, ist, ihnen die Möglichkeit zu geben, mögliche Frustrationen zu äußern. Wenn sie es dann nicht tun, erhöht das die Wahrscheinlichkeit gegenseitiger Wertschätzung. Wie viele Chefs verschanzen sich hinter Hierarchien, weil sie Angst davor haben, dass ihre Mitarbeiter schlecht über sie denken. Das ist eine sich selbst erfüllende Befürchtung. Genau weil sie sich abschotten, werden sie oft von ihren Mitarbeitern geringgeschätzt.

Dieselben Regeln gelten ebenso im privaten Bereich. Auch persönliche Beziehungen, sogar Liebesbeziehungen, haben oftmals ein wahrgenommenes oder sogar tatsächliches Hierarchie- oder besser: Machtgefälle. Wie bereits oben erwähnt: Man kann damit spielen und kokettieren, wenn man ansonsten auf Augenhöhe ist. Aber als Grundlage einer Beziehung funktioniert eine Hierarchie selten. Und es darf sich, selbst wenn es funktioniert, nicht äußern. Dann wird das Machtgefälle zur Demütigung. Und während Demut durchaus eine starke und selbstbewusste Haltung sein kann, ist es die des Gedemütigten nie!

Erfolg ist keine Chefsache

Die Grundlage unserer Kommunikation ist die Arbeitsteilung. Wir müssen miteinander reden, weil keiner von uns allein durchs Leben kommen kann. Das gilt besonders in der modernen Arbeitswelt, aber nicht nur dort. Wir sind darauf angewiesen, dass Mitmenschen Dinge für uns tun und wir im Gegenzug für andere da sind.

Vergleichsweise wenige Bauern produzieren die Rohstoffe für Lebensmittel, die uns alle ernähren. Auch das Wasser, das wir lebensnotwendig brauchen, holen die meisten von uns nicht vom Brunnen. Die Kleidung, die wir tragen, erzeugen andere. Ebenso wie praktisch jeden weiteren Gegenstand, den wir benötigen, von der Zahnbürste bis hin zum iPhone, das Programmierer und Designer in Kalifornien erdacht und Arbeiter im fernen China produziert haben. Unser

Arzt hilft uns, gesund zu werden, und Forscher geben uns die Informationen, die wir brauchen, um möglichst gesund bleiben können. Und im Idealfall ergänzen wir uns mit unseren Lebenspartnern so gut, dass die Bedürfnisse beider gemeinsam besser befriedigt werden. Das Spektrum der für unseren Lebenserfolg wichtigen Zusammenarbeit ist ebenso breit wie das gesamte Spektrum menschlicher Erfahrungen.

Im Job ist Erfolg in aller Regel das Ergebnis einer gelungenen arbeitsteiligen Kollaboration mit anderen. Dabei ist es hocheffizient, wenn Hierarchien die Entscheidungen ebenfalls arbeitsteilig treffen. Idealerweise trägt jeder durch die Erfüllung seiner Aufgaben, mit seinen speziellen Talenten und Fähigkeiten zum Erfolg bei. So ist der CEO eines globalen Autoherstellers nicht an der Montage eines Wagens beteiligt, ebenso wenig, wie der Monteur die komplizierten Zusammenhänge globaler Märkte im Sinne des Unternehmens bespielt. Und beide würden unter Umständen kläglich versagen bei dem Versuch, Autos an Endkunden zu vermarkten. Strategie, Entwicklung, Herstellung und Vermarktung sind bei jedem größeren Unternehmen nicht Aufgaben für eine einzelne Person. Man muss keiner gleichmachenden Ideologie anhängen, um zu erkennen: Es geht immer darum, wie das *Wir* funktioniert, oder das Team (wie immer man das nennen will, was uns alle verbindet). Diese Erkenntnis geht leicht unter in einer Welt, die aus kommerziellen Gründen die Illusion entstehen ließ, dass jeder Einzelne von uns in allererster Linie ein hochindividualisierter Konsument ist.

Es ist dieselbe Illusion, die uns allzu leicht glauben macht, dass wir bei der Gestaltung unseres Lebens autarke Einheiten sind. Das ist nicht so. Das leistungsfähigste Unternehmen geht unter der Führung eines unfähigen Chefs unter. Der beste CEO kann keine innerlich marode Organisation erfolgreich leiten. Die stärksten Fußballspieler sind eine schwache Mannschaft, wenn jeder nur für sich vor sich her kickt. Und der Trainer, der glaubt, er könne den Spielern einfach sagen, wie sie spielen müssen, um so die Mannschaft zum Erfolg zu führen, wird nicht viel Erfolg haben. Seine Aufgabe ist es vielmehr, ihre Talente im Zusammenspiel der Mannschaft zu entfesseln

Trotzdem verleitet uns unser Bewertungssystem für menschliche Arbeit immer wieder dazu, zu glauben, dass die eine Tätigkeit spielentscheidend wichtiger wäre als eine andere. Die Maßeinheiten dieses Bewertungssystems sind Geld und Macht. Die Arbeit eines Konzernchefs wird weitaus höher bewertet als die eines Arbeiters.

Die unterschiedliche Bewertung unserer Arbeit und die daraus folgende finanzielle Unabhängigkeit Einzelner sagt aber nichts darüber aus, wie unabhängig unser Erfolg von der Zusammenarbeit mit anderen ist. Wollen wir erfolgreich sein im „Kerngeschäft" des Menschseins, nämlich der Kooperation mit anderen, dann müssen wir die so wesentlich scheinenden Aspekte von Macht und Geld ignorieren. Nicht immer und überall, aber *immer, wenn wir miteinander reden.*

Eine funktionierende Befehlskette kann hocheffizient sein und sie ist in manchen Kontexten – in der Regel Extremsituationen – schlicht notwendig. Viele Menschen ordnen sich auch bereitwillig in eine Hierarchie ein. Aber sie werden auf Dauer in dieser Hierarchie nur funktionieren können, wenn die Sinnhaftigkeit des Systems für sie selbst und ihr Leben einleuchtend ist. Deshalb dürfen wir uns von kurzfristigen Erfolgen dieser Systeme nicht täuschen lassen. In vielen anderen Zusammenhängen sind sie nicht brauchbar für ein nachhaltig funktionierendes Miteinander. So dienen sie nicht dazu, die wichtigsten emotionalen Grundbedürfnisse jedes Menschen zu erfüllen, nämlich dem nach Freiheit in der Gestaltung des eigenen Lebens und dem nach echter Verbundenheit mit anderen. Wenn das so ist, dann ist auch klar, dass Macht und hierarchische Strukturen nicht die Treiber und die Grundlage unserer Kommunikation sein dürfen.

Es soll hier keine Systemkritik betrieben werden. Wie gesagt: Hierarchien erfüllen einen wichtigen Zweck, wenn es um Ordnung und Effizienz geht. Jedoch machen sie Menschen zu Objekten. Und das funktioniert kommunikativ nicht. Nur wenn wir so miteinander reden, dass wir uns wirklich motivieren, indem wir dem anderen eine bessere Erfüllung seiner Grundbedürfnisse sichtbar machen, dann werden wir gemeinsam erfolgreich sein.

Jedes Wort ist Teil von mindestens zwei Lebensgeschichten

Wenn wir mit unseren Mitmenschen im Sinne eines tatsächlichen Austauschs miteinander kommunizieren wollen, muss dieser immer auf Augenhöhe stattfinden.

Dieser Satz mag Sie zunächst überraschen. Gibt es nicht tausende Gelegenheiten, bei denen Menschen sich Dinge sagen, ohne in dieses komplizierte Geben und Nehmen eines emotional intelligenten kommunikativen Miteinanders einzutreten? „Es ist zwölf Uhr siebzehn", „Der Zug fährt auf Gleis sieben ab" oder „Es regnet, nimm deinen Schirm mit" funktionieren wunderbar ohne Augenhöhe, oder? Es werden – so sieht es auf den ersten Blick aus – relevante Informationen weitergegeben, ohne dass sich die Akteure des Gesprächs tatsächlich austauschen müssen. Wo braucht es da Augenhöhe?

Isoliert betrachtet ist das absolut korrekt. Der knifflige Punkt und letztendlich der alles entscheidende Umstand ist aber, dass nichts und niemand in unserem Leben isoliert stattfindet. Niemand ist eine Insel und auch kein Satz ist eine verbale Insel. Alles, was wir sagen, findet in einem Kontext statt. Genauer gesagt, in einer ganzen Reihe von Kontexten.

Selbst wenn wir etwas ganz Profanes sagen, wie „Nimm deinen Schirm mit", bespielt diese einfache Feststellung und Aufforderung mehrere Beziehungs- und Kontextebenen.

Ist die Person, der wir das sagen, ein geliebter Mensch, um dessen Gesundheit wir besorgt sind? Oder jemand, den wir gerade im Streit aus dem Haus jagen mit dem Hinweis, seinen Krempel gleich mitzunehmen? Sagen wir diese Worte einem kleinen Jungen, der erst gestern den innig gewünschten Schirm mit Dino-Print zum Geburtstag bekommen hat? In jedem dieser Kontexte hat ein und derselbe Satz andere Bedeutungsnuancen.

Sowohl die Worte, die gesagt werden, als auch die individuellen Situationen von Sender und Empfänger und ihre Beziehungen zueinander befinden sich in einer jeweils eigenen Dynamik. Jeder neu ausgesprochene Satz klingt mit allen, die vorher gesprochen wurden mit und beeinflusst, was man sich wie als Nächstes sagt. Sender und Empfänger kamen jeweils irgendwoher und gehen irgendwohin. Ihre Wege kreuzten sich am Regenschirm und wurden fortgesetzt. Die Dynamik der Situation ist zuvor entstanden und wird sowohl Zukünftiges wie auch die Beziehung von Sender und Empfänger prägen.

Im Sinne einer emotional intelligenten Kommunikation gibt es keine Aufteilung in Sender und Empfänger. Alle Gesprächsteilnehmer sind Protagonisten eines fortgesetzten Austausches, der ihre Situation und ihre Beziehung zueinander ständig verändert. Wenn wir miteinander reden, dann teilen wir uns nicht einfach *etwas* mit. Wir teilen *uns* mit! Und wir bekommen im Gegenzug, wenn die Kommunikation funktioniert, einen Teil des anderen mitgeteilt. Der Zen-Meister Thich Nhat Hanh hat diesen Gedanken auf den Punkt gebracht: „In einem echten Dialog sind beide Seiten bereit, sich zu verändern.“

Wer andere bewertet, verlässt die Augenhöhe

An dieser Stelle schließt sich ein Kreis zu den vorangegangenen Betrachtungen über Narrative, denn beinahe zwangsläufig fügen wir Bewertungen auch in unsere Geschichten ein, die uns unsere Welt erklären und Geschehnissen Sinn geben. Wir halten für uns fest: Dies funktioniert, jener will uns schaden, jene tut uns gut. Zu einem gewissen Grad brauchen wir diese Bewertungen. Aber uns muss bewusst sein, dass wenn wir anfangen, andere Menschen zu bewerten, wir die Augenhöhe verlassen. Dann wird es schwierig, emotional intelligent miteinander zu reden.

Wir müssen offen dafür bleiben, Bewertungen in unseren Narrativen zu hinterfragen und manche unserer Geschichten umzuschreiben, wollen wir emotional intelligent kommunizieren.

Das klingt richtig. Aber Hand aufs Herz: So kommunizieren wir nicht. Sehr häufig zielt unsere Kommunikation auf eine erwartete Handlung oder eine gewünschte Verhaltensänderung des anderen. „Jetzt räum endlich dein Zimmer auf!", „Sei doch nicht so ungeduldig." Oder „Kannst du nicht einfach mal pünktlich sein?" – die Standards unseres Alltags mögen vielen im Ohr klingen. Das Problem bei diesen Sätzen ist: Sie *motivieren* das Gegenüber kaum, das Zimmer aufzuräumen, mehr Geduld zu zeigen oder pünktlich zu erscheinen. Auch wenn es ein bisschen weh tut:

Ihr Wunsch nach Verhaltensänderung ist für andere noch lange kein Motiv!

Wie wir gesehen haben (S. 53), braucht es in aller Regel mehr Motivation, um eine Verhaltensänderung anzustoßen.

Eine Drohung (negativer Anreiz) wirkt durchaus motivierend, zum Beispiel wenn die Vorgesetzte Unpünktlichkeit bemerkt: „Du bist wiederholt aufgefallen, jetzt ermahne ich dich offiziell. Wenn du das nächste Mal zu spät kommst, musst du mit Sanktionen rechnen." Aber auch ein Entgegenkommen oder eine Belohnung (positiver Anreiz) kann eine Anpassung des Verhaltens bewirken, zum Beispiel die Aussicht auf einen Ausflug in den Freizeitpark als Anreiz für ein Kind, sein Zimmer in Ordnung zu bringen.

Motivation ist dabei deutlich mehr als Relevanz. Relevant ist alles, was uns in irgendeiner Form emotional berührt und unseren Bedürfnissen entgegenkommt. Motivation geht darüber hinaus. Sie setzt ein, wenn wir durch die Relevanz angeregt sind, selbst aktiv zu werden.

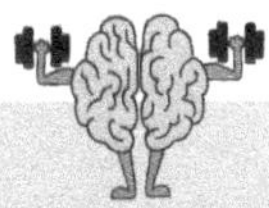

Motivationen

Legen Sie sich eine Kommunikations-To-do-Liste für den morgigen Tag an. Dazu zeichnen Sie eine Tabelle mit drei Spalten.

- In die erste Spalte tragen Sie ein, was Sie wem mitteilen wollen.
- In Spalte zwei tragen Sie ein, was Sie erreichen wollen.
- In Spalte drei notieren Sie, was Ihr Gegenüber motivieren könnte. Gibt es ein positives Motiv? Wollen Sie drohen? Können Sie ein Entgegenkommen anbieten?

Was will ich wem sagen?	**Was will ich erreichen?**	**Was motiviert mein Gegenüber?**
Ich will meinen Partner bitten, sich etwas intensiver – sprich: überhaupt – an der Hausarbeit zu beteiligen.	Ich will entlastet werden, weil mir die doppelte Verantwortung von Erwerbsarbeit und Hausarbeit zu viel ist. Außerdem finde ich es unfair, wenn ich häusliche Pflichten allein erledigen muss.	Wir haben mehr Zeit für ein liebevolles Miteinander, wenn wir gemeinsam unsere Aufgaben im Haushalt wahrnehmen.

Diese Übung beinhaltet zwei wichtige Schritte: Erstens, sich über die eigene Motivation im Klaren zu sein, und zweitens, sich zu überlegen, was das Gegenüber motivieren könnte.

Um emotional intelligent zu kommunizieren, müssen wir nicht nur den Relevanzfilter unseres Empfängers passieren, wir müssen uns auch über unsere eigene Motivation im Klaren sein. Wir müssen diese Fragen beantworten können:

- *Was* will ich?
- *Warum* will ich das?
- *Wie* kann ich dich motivieren?

In der Schnittmenge der Interessen von Sender und Empfänger liegt eine positive gemeinsame Erfahrung, eine Win-win-Situation.

Hier gelingt nicht nur Kommunikation im Hinblick auf ihren unmittelbaren Zweck (z. B. eine Verhaltens- oder Haltungsänderung). An dieser Stelle führt die Kommunikation auch zur Stärkung der gegenseitigen Beziehung. Diese Situationen aktiv herbeizuführen, ist immer der Mühe wert.

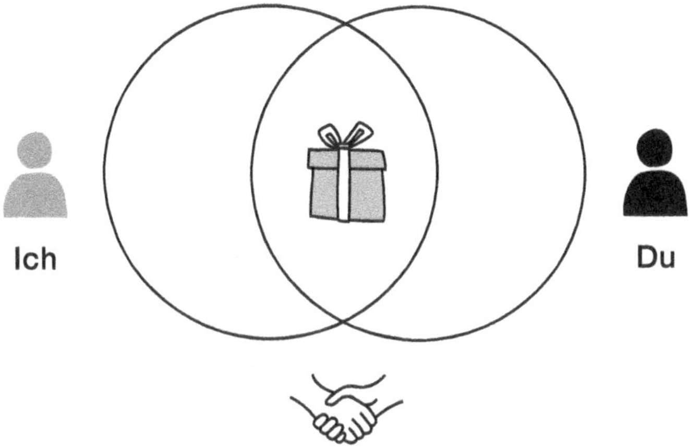

Crew Resource Management

Am eingangs bereits erwähnten Crew Resource Management (s. S. 19) zeigt sich, dass sowohl eine hocheffiziente Hierarchie wie eine emotional intelligente Kommunikation auf Augenhöhe in ein und demselben System ihre Berechtigung haben. Auf den Kontext kommt es an! Es ist offensichtlich, dass die Handhabung eines so komplizierten Geräts wie eines Flugzeuges in einem so komplexen Umfeld wie der modernen Luftfahrt klare Entscheidungswege und Hierarchien erfordert. Der Stuhlkreis als Entscheidungsgremium in einem modernen Cockpit verbietet sich schon aus Raumgründen.

Gleichzeitig haben einige tragische Unfälle deutlich gemacht: Diese starre Hierarchie kann lebensgefährlich werden, wenn Kapitäne Fehler machen und Kopiloten und Besatzung wider besseres Wissen nicht eingreifen.

Deshalb haben Fluggesellschaften das System des Crew Resource Management eingeführt, in dem alle am Flug Beteiligten aufgefordert sind, sich im Zweifelsfall über Hierarchien hinwegzusetzen. Kopiloten sollen und müssen das Kommando übernehmen, wenn sie Hinweise haben, dass der Pilot die Sicherheit gefährdet. Auch Flugbegleiter sind aufgerufen, klar zu äußern, wenn sie Fehler bemerken. Gleichzeitig erfahren diejenigen Flugkapitäne höchste Wertschätzung, die bereit und in der Lage sind, solche Kommunikationen anzunehmen und ihr Handeln danach auszurichten.

Die Motivation zur Kooperation und emotional intelligenten Kommunikation ist beim Fliegen mehr als einleuchtend, immerhin verringert es die Überlebenschancen aller „Seelen an Bord“, wenn es keine funktionierende Zusammenarbeit gibt.

Nun geht es in unseren Kommunikationen in der Regel nicht um Leben und Tod. Jedoch stellt eine Win-win-Situationen auch bei kleineren Herausforderungen einen attraktiven Anreiz dar. Es lohnt sich, den Geist des Crew Resource Management auch im Alltag zu verfolgen: Kommunikation auf Augenhöhe fördert gegenseitigen Respekt und schafft ein Umfeld, in dem sich alle Beteiligten gehört und wertgeschätzt fühlen. Sie ermöglicht einen offenen Austausch von Ideen und Perspektiven, was zu besseren Entscheidungen und kreativeren Lösungen führt. So macht die emotional intelligente Kommunikation unser aller Leben einfacher, sicherer und vor allem lebenswerter.

8 Stille als Sprache: Wer reden will, muss auch zuhören

Während einer Veranstaltung wurde dem Ehrengast auf der Bühne, seiner Heiligkeit, dem 14. Dalai Lama, eine tiefgreifende theologische Frage gestellt. Gespannt erwartete das große Publikum die erleuchteten, zitierfähigen Worte des Nobelpreisträgers. Sollten Verleger von Spruchkalendern anwesend gewesen sein, hielten die den mentalen Bleistift gespitzt!

Der Dalai Lama sagte eine geschlagene Minute nichts. Er saß im Schneidersitz auf seinem Stuhl und dachte nach, das hörte man beinahe, so sah man es. Schließlich lehnte er sich nach vorn zum Mikrofon und antwortete kurz und knapp. „Ich weiß es nicht.“

Reden ist Silber, Schweigen ist Gold – diese Redensart ist so alt, dass man sich fast scheut, sie noch anzuführen. Aber in einer Zeit, in der jedes geredete, also silberne Wort, auf die Goldwaage gelegt wird, macht es vielleicht auch wieder Sinn, daran zu erinnern, dass wir zwar mit silbernen Worten glänzen können, aber den veredelnden Goldüberzug erlangen wir nur durch unser Schweigen.

Sehen Sie sich nur an, was im Fall des Dalai Lama in einer Minute des Schweigens gefolgt von einem „Ich weiß es nicht“ alles gesagt wurde:

- Er signalisierte mit der Tatsache, dass er mehr als eine Minute nachdachte, dass er die Frage sehr ernst nahm und sie einer Antwort für würdig hielt.
- Er signalisierte, dass dies keine leicht zu beantwortende Frage sei.
- Er zeigte sein Vertrauen in die Achtsamkeit des Publikums, das gerne auf eine Antwort warten würde.
- Er zeigte Vertrauen in sein Publikum, dass er diesen Leuten auch eine Antwort schuldig bleiben könnte.
- Er zeigte ein gesundes Selbstbewusstsein, indem er sagte, dass er die Antwort nicht wisse.
- Und er bewies echte Weisheit, die darin besteht, dass man weiß, dass man nichts weiß. Oder zumindest nicht alles.

Schweigen spricht Bände

Schweigen ist eine der leistungsstärksten kommunikativen Maßnahmen überhaupt. Es ist immer mehr als nur Nichts-Sagen. Entsprechend gibt es den Begriff des „beredten Schweigens“. Damit meinen wir Situationen, in denen jemand nichts sagt, aber jeder weiß, was er oder sie sagen *würde.*

In unserer Kommunikation kann das Nichts-Sagen Großes bewirken, sowohl beim Absender wie auch beim Empfänger der „geschwiegenen Botschaft“. Schweigen ist fast immer sehr beredt und sehr kommunikativ.

An dieser Stelle sei deshalb gesagt, dass es hier um Schweigen als konstruktiven Bestandteil unserer Kommunikation geht und keinesfalls um strafendes Schweigen, oder neudeutsch das „Silent Treatment". Wer schweigt, um zu strafen, hat die Kommunikation beendet, dem geht es um Kontrolle statt Kooperation.

Eine „aktive Stille" hingegen vermittelt Präsenz, Offenheit und Zugewandtheit. Ihrem Gesprächspartner ist klar, dass Sie zuhören, dass Sie aufmerksam sind – und dass Sie auch noch etwas zu sagen haben. Wenn Sie die Gelegenheit bekommen sollten, vor Publikum zu sprechen: Stellen Sie sich zu Beginn vor den Saal und sagen Sie … gar nichts. Seien Sie für einige Momente nur präsent.

Wer diese aktive Stille auf die Bühne bringt – egal ob vor dem großen Publikum oder im privaten Gespräch –, dessen Ruhe wird um sich greifen wie ein Sturm.

Das Problem ist, dass nur wenige von uns die Nerven haben, die eigene Stille auszuhalten. Wir haben regelrecht Angst vor „toter Luft". Das gilt auch für persönliche Gespräche. Nur wenn beide Seiten sich absolut wohl fühlen und sicher in der Situation, wird eine Stille als angenehm empfunden. Es sind für die meisten von uns nur wenige Personen in unserem Leben, in deren Gegenwart wir zufrieden still sein können. Mit Menschen, mit denen wir uns nicht sicher fühlen, wächst mit der Stille die Beklommenheit, oft auch die Unsicherheit. Sie kann beinahe unerträglich werden. Also quasseln wir sie und uns selbst zur Not auch mit nichtssagendem Zeug zu.

Klappe!
Sie haben jeden Tag unzählige Gelegenheiten – immerhin 86.400 Sekunden! –, einfach mal die Klappe zu halten. Nutzen Sie ein paar davon, genau das zu tun und sich in *aktiver* Stille zu üben. Diese wortlose, ruhige Präsenz in einer Situation ist weit mehr als nur nichts zu sagen: Darüber hinaus lenken Sie sich nicht ab, hören nicht woanders zu, denken nicht darüber nach, was Sie als Nächstes sagen. Sie schweigen und sind sich dessen bewusst. Beobachten Sie die Ruhe, die in wenigen Momenten bei Ihnen selbst einkehrt, und wie Ihr Schweigen auf andere wirkt.

Aktive Stille zu praktizieren, kann zunächst schwerfallen, immerhin leben wir in einer von Reizen und Ablenkungen überfluteten Welt. Geben Sie nicht gleich auf: Je häufiger Sie es üben, umso leichter wird es Ihnen fallen.

Schweigen schaltet das Alarmsystem aus

Darum also ist aktive Stille ein so scharfes kommunikatives Schwert: weil sie keine Begriffe benutzt, sondern von Herzen kommt. Was signalisieren wir damit, wenn wir gar nichts sagen und einfach nur in freundlicher Präsenz da sind? So eingesetzt ist Stille nichts anderes als ein Vertrauensvorschuss. Unsere Gesprächspartner oder unser Publikum bekommen das starke positive Signal: „Ich fühle mich wohl und sicher mit Dir. Ich bin da. Hier geschieht nichts, weswegen irgendjemand aufgeregt herumschnattern müsste.“ Von jemandem, der sich in meiner Gegenwart entspannt und sicher genug fühlt, nichts sagen zu müssen, geht wahrscheinlich keine Gefahr aus. Beide Gesprächspartner müssten eine ganze Menge sehr geschickt gewählter Worte einsetzen, um dieselbe Botschaft auszudrücken beziehungsweise dem zuvor beschriebenen Alarmsystem im Gehirn (s. S. 37 ff.) dieselbe Botschaft zu vermitteln.

Wie wir gesehen haben (s. S. 53 ff.), wird unser Gehirn bei jedem neuen Gesprächspartner einen Sicherheitscheck durchführen, ohne dass wir das bewusst wahrnehmen. Das mag Ihnen überflüssig erscheinen, immerhin müssen wir doch nicht ernsthaft befürchten, dass von unserem Gegenüber eine Gefahr ausgeht, oder?

Nun, es gibt durchaus Gesprächssituationen, die mit Risiken behaftet sind: ein Mitarbeitergespräch, bei dem es um den Stellenerhalt geht, ein Partnerschaftsgespräch, das sich um Streitpunkte dreht ... Zudem kann die Erinnerung an ein vergangenes traumatisches Erlebnis durch eine Körperhaltung, eine Stimmlage oder einen Sprechrhythmus wieder geweckt werden. In solchen Momenten ist eine aktive Stille ein verlässliches Mittel, den Kampf-Flucht-Reflex nicht auszulösen und die Basis für eine gute Kommunikation zu legen.

Damit ein aktives, präsentes Schweigen möglich wird, muss ein echtes Vertrauen da sein, das über ein „Der wird mich schon nicht umbringen" hinausgeht. Man kann dieses Vertrauen schaffen.

Wenn ich eine andere Person anlächle und mich ihr zuwende, wirkt Schweigen vertrauensbildend: Es signalisiert, dass ich meinerseits Vertrauen in mein Gegenüber und in die Situation mitbringe, was es meinem Gegenüber erlaubt, sich ebenfalls zu entspannen.

Pausen im Gespräch – Zeit, sich zu sammeln

Schweigen kann also ein Gespräch vertiefen und bereichern, wenn es aktiv und zugewandt ist, und es kann Vertrauen stärken. Es entfaltet seine wunderbare Wirkung, aber nicht nur beim Zuhörer, sondern auch beim Absender selbst!

Jede Form der Kommunikation, an der wir aktiv beteiligt sind, hat ihre eigene Dynamik. Sie ist ein Austausch, ein Hin und Her, oft wie im Tennis, wobei ein Spieler dem anderen den Ball zuspielt und sich beide immer wieder neu zueinander positionieren. Die Bewegung des einen, sein Schlag gegen den Ball, bedingt die Bewegung des anderen und dessen Annahme und Return. Übersetzt für unsere Kommunikation bedeutet das: Wenn wir gerade nicht reden, redet meistens der andere. Das ist dann unsere Zeit, zuzuhören und herauszufinden, wo die Dynamik des Gespräches hinführt. Wie ein guter Tennisspieler das Spiel des Gegners „mitfühlt", müssen wir auch im Gespräch mit der Aufmerksamkeit auf beiden Seiten des Netzes sein.

Wir wissen alle, wie schwierig das ist: zuhören und gleichzeitig in Gedanken eine Antwort vorbereiten. Deshalb stolpern viele Menschen an diesem Punkt geradewegs in eine Falle. Sie hören ihrem Gegenüber nicht aktiv und zugewandt zu, sondern registrieren lediglich Schlüsselworte. Ihr Fokus liegt währenddessen auf dem, was sie selbst gleich sagen könnten oder sollten. Manch einer hat das so wenig im Griff – und es fällt wahrscheinlich jedem nun ein Beispiel aus seiner Umgebung ein –, dass er eigentlich überhaupt nicht zuhören und bei der Entgegnung nicht mehr auf die Worte seines Gegenübers eingehen kann. Beide führen eine Art Monolog, der nur hin und wieder von den akustischen Störgeräuschen des anderen unterbrochen wird. Viele dieser Menschen unterbrechen ihre Gesprächspartner sogar permanent, weil sie kaum mehr wahrnehmen, dass diese reden. Was die anderen sagen, interessiert sie tatsächlich nicht, dafür sind sie viel zu beschäftigt mit dem, was sie sagen wollen. Es bedarf wohl keiner Erklärung, dass solche Menschen nicht sonderlich erfolgreich kommunizieren.

Und nun Hand aufs Herz! Das ist wahrscheinlich jedem von uns schon passiert (oder es ist sogar der Modus Operandi). Wie kommen wir aus dieser Falle heraus? Die Lösung besteht aus zwei Schritten:

- Wir müssen erkennen, welchen Wert das Zuhören hat.
- Wir müssen einen Takt finden, der es uns erlaubt, aktiv zuzuhören und aktiv mitzureden.

Der Wert des aktiven Zuhörens

Kommunikation ist, wenn Worte von A nach B transportiert werden. Das stimmt zwar, aber es beschreibt nur einen

Teil des Prozesses. Denn nicht nur, wenn wir sprechen, auch wenn wir zuhören, sind wir aktiv an der Kommunikation beteiligt und senden über unsere Mimik, Gestik und Haltung Botschaften an den Sprecher. *Alles,* was wir tun und was wir nicht tun, sendet Botschaften. In unserer Gesprächskultur reduzieren wir Kommunikation aber allzu häufig auf Vokabeln und würdigen die Rolle des Zuhörers so gut wie gar nicht.

Wenn wir das ändern wollen, sollten wir zunächst unsere Maßstäbe für die Bewertung anderer überdenken.

Es gibt in unserem Sprachgebrauch Schlauredner und Dummschwätzer, aber keine Klughörer.

Neben Faktoren wie Aussehen und Attraktivität, Beruf und Gehalt, Alter und Geschlecht beurteilen und bewerten wir andere vom Drittklässler bis zum Manager mit großer Vorliebe nach dem, was sie sagen. Teenager legen ihre sozialen Hackordnungen danach fest, wer die tollsten Sachen postet. Führungskräfte zeichnen sich gelegentlich durch erstaunlich ausgeprägte rhetorische Fähigkeiten und ebenso erstaunlichen, weil überhaupt nicht ausgeprägten Sachverstand oder Führungskompetenz aus.

„Bei ihm merkt man sofort, wie gut er sich auskennt", „Sie weiß genau, wie es funktioniert, und kann es so erklären, dass man es versteht", „Er kann mich so richtig gut motivieren ...". Solches Lob haben Sie sicher schon häufiger gehört als: „Er ist ein unglaublicher Zuhörer!", „Die Frau hat richtig Ahnung, die hat alles aufgesogen, was man ihr erklärt hat!". Diese Art von Wertschätzung ist im professionellen Umfeld rar. Und das, obwohl es naheliegend ist, dass jemand, der zuhört, mehr weiß als jemand, der redet. Wenn ich rede, erfahre ich nichts Neues. Nur wenn ich zuhöre, tun sich neue Welten auf. Es ist kein Zufall, dass die Fähigkeit zuzuhören für viele Frauen ein wichtiger Faktor bei der Frage ist, ob jemand ein geeigneter Partner ist oder nicht.

Die Dinge, die wir sagen, beeinflussen unseren sozialen Status. Da erfordert die Produktion von Stille tatsächlich Überwindung und Mut. Mit ihr riskieren wir, nicht positiv bewertet zu werden. Aber wenn wir alle Sender sein wollen, wer sind dann noch die Empfänger?

Halten Sie sich bei der nächsten „Versuchung", Ihrem Gegenüber ins Wort zu fallen, den Wert des aktiven Zuhörens vor Augen – für andere, aber auch für Sie selbst. Sie zeigen nicht nur Wertschätzung und Aufmerksamkeit, es gelingt Ihnen auch besser, Zwischentöne wahrzunehmen, Emotionen und Bedürfnisse zu erkennen und damit Missverständnissen vorzubeugen und Ihre Beziehung zum anderen zu verbessern.

Im Takt senden und empfangen

Nie zuvor in der Geschichte konnten Menschen so viel miteinander kommunizieren wie in unserem digitalen Zeitalter der globalen Vernetzung und der sozialen Medien. Alle sind auf Sendung, so scheint es manchmal, alle hören es auch, aber niemand *hört zu*. Wenn wir alle Sender sind, wer sind dann die Empfänger?

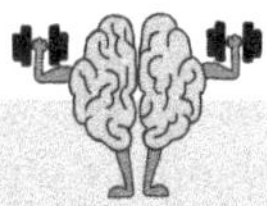

Immer auf Empfang

Beobachten Sie für einen Tag, wie viel *stille* Zeit Sie erleben. Oder umgekehrt, während wie vieler Ihrer wachen Stunden irgendjemand in irgendeiner Form auf Sie einredet. Die Kinder, der Nachbar, die Kollegen und zu allem Überfluss auch noch der Lebenspartner. Nebenbei ein Radio, ein Fernseher, ein Podcast und das Auto, das mit seiner Computerstimme daran erinnert, beim Aussteigen das Handy mitzunehmen.

Tatsache ist, dass wir den ganzen Tag zugetextet werden. Und wir befördern es noch, indem wir uns mit Smartphone & Co ständig erreichbar machen. Haben Sie auch schon mal auf einem Earpod einem Podcast gelauscht, während der Nachbar in Ihr anderes Ohr quasselte? Konnten Sie da beide Informationen verarbeiten, die Sendung zum Metabolischen Syndrom und den Klatsch über Oma Renate? Oder auch nur eine der Informationen?

Wie viel sinnvoller wäre doch die Ansage: „Bitte lassen Sie Ihr Handy mal im Auto liegen." Denn wer registriert, was tagtäglich an Kommunikationsversuchen stattfindet, der wundert sich, dass unser Gehirn nicht schreiend den Dienst einstellt.

Stille ist eine knappe und kostbare Ressource geworden. Die gute Nachricht ist: Wenn man Stille möchte, weil man sie braucht, dann kann man sie sich einfach nehmen. Das kostet nichts und niemand wird einen daran hindern können. Und das ist das Tor zu einer wunderbaren, neuen Erfahrung für den modernen Menschen – für Digital Natives wie für alle Halb-Digitalen, denen die Ungnade der frühen Geburt zuteilwurde. Wir können Stille aushalten. Wer einmal aus dem reißenden Strom der Informationsüberflutung heraustritt, stellt überrascht fest, dass er oder sie auch nicht mehr davongespült wird. Die Wirkung ist unmittelbar.

Sie sollen natürlich nicht ganz und für immer aussteigen aus dem Kommunikationsstrom – schließlich brauchen Sie ja weiterhin Informationen. Doch schon kurze Unterbrechungen des Informationsstroms wirken: Ihr Gehirn bekommt die Chance, Gehörtes auch mal zu verarbeiten.

Deshalb ist es auch leichter, Wissen aus einem Buch aufzunehmen, als wenn man einem Vortrag zum gleichen Thema folgt: Beim Buch liest man in einer selbstgewählten Geschwindigkeit. Man kann innehalten, denkt nach, verliert sich sekundenlang in Gedanken, kehrt dann zum Text zurück und setzt die Reise fort. Das ist eine natürliche Bewegung: Wir nehmen Informationen auf, wir verarbeiten sie. Wir nehmen neue Informationen auf, verarbeiten wieder, gleichen sie mit zuvor Gelerntem ab. Eine Welle aus Aufnehmen – Verarbeiten – Aufnehmen … und so weiter.

Dieselbe Bewegung aus Aufnehmen und Verarbeiten findet auch in jedem Gespräch statt. Aber die Situation hat eine andere Dynamik, je nachdem wie hoch das Tempo wird und wer es bestimmt. Entstehen beispielsweise keine Pausen und es wird schnell gesprochen, bleibt keinem der Beteiligten noch Zeit zur Verarbeitung des Gesagten. Machen Sie es sich in solchen Situationen zur Gewohnheit, innezuhalten und die Dynamik zu durchbrechen, indem Sie *nichts sagen*. Da wir ja bereits das Bild der Welle für die Verarbeitung von Informationen bemüht haben, hier gleich noch ein Wasser-Beispiel, um die Wirkung einer Gesprächsunterbrechung zu verdeutlichen.

> *Eine der größten Gefahren beim Baden im Meer ist es, von einer ablandigen Strömung erfasst werden. Viele Schwimmer sind ertrunken, weil sie mit aller Kraft versucht haben, gegen die Kraft der Strömung anzukämpfen. Erfahrene Surfer hingegen wissen: Den Unterschied zwischen Hotelbar und Autopsietisch macht aus, sich mit der Strömung hinaustragen zu lassen und parallel zum Ufer zu paddeln, bis man den Strömungskanal verlassen und zum Strand zurückschwimmen kann.*

Verstehen Sie mich nicht falsch: Es geht nicht darum, im kommunikativen Alltag immer mit der Strömung zu schwimmen und jedem Schreihals recht zu geben. Es geht darum, die Dynamik eines Gesprächs anzunehmen. So wie wir im Alltag Pausen einlegen können, die uns Stille und einen akustischen Leerraum für Besinnung geben, können wir das auch im Gespräch. Warum muss sofort der andere was sagen, wenn der eine aufgehört hat, zu reden? Es gibt tatsächlich keinen vernünftigen Grund dafür.

Einfach mal die Klappe halten!

Schenken Sie sich Zeit zum Nachdenken, über das, was gerade gesagt wurde. Lassen Sie zu, dass Botschaften und Informationen auf Sie wirken. Ein probates Hilfsmittel zum Drosseln des Gesprächstempos und der Verarbeitung von Informationen sind persönliche Notizen.

Jemand, dessen Namen wir hier nicht kennen müssen, hatte einmal die Aufgabe, ein Gutachten über die Migrationspolitik der verschiedenen politischen Parteien in Deutschland zu verfassen. Also sprach er mit den jeweiligen Experten dieser Parteien und machte sich Notizen. Dabei geschah etwas Aufschlussreiches. Nach einer zweistündigen Unterhaltung mit dem Vertreter einer Partei, die die Migrationspolitik zu ihrer Kernkompetenz erklärt hatte, standen genau drei Sätze auf seinem Block. Da hatte das dazu eingenommene Mittagsessen mehr Nährwert als das Gespräch! Nach einer halben Stunde mit dem Vertreter einer anderen Partei hatte sich der gute Gutachter mehrere Seiten Notizen gemacht mit vielen Hinweisen auf noch nachzulesende Dokumente und Quellen. In einem dritten Gespräch blieb das Papier einfach leer. Worthülsen, so schien es, ließen sich einfach nicht verschriftlichen.

Mit persönlichen Notizen zwingen wir uns im kommunikativen Realbetrieb dazu, bewusst in die Verarbeitung des Gehörten und Gelernten einzusteigen. Dazu signalisieren Sie Ihrem Gegenüber Aufmerksamkeit und Wertschätzung.

Dass es am Ende auch noch ein Protokoll einer Teamsitzung, eines Briefings oder eines Gespräches gibt, ist dabei ein sehr nützliches Nebenprodukt.

Wenn wir uns Notizen machen, nehmen wir außerdem Abstand. Wir treten inhaltlich zurück, schauen auf das Gehörte und fragen uns, was es bedeutet. Damit bietet dieses Verfahren einen weiteren positiven Aspekt: es schützt uns vor der Kommunikationsfalle, der wir uns nun zuwenden.

Die Emotions-Falle

Erinnern wir uns noch einmal an die Lektion aus Kapitel 1: Kommunikation wirkt emotional (S. 37). Damit eine Information überhaupt zu einer Botschaft wird, die unseren Relevanzfilter durchdringt, muss sie uns in irgendeiner Art und Weise berühren. Werden wir berührt, dann reagieren wir traurig, hoffnungsvoll, wütend, froh ... oder was auch immer die Botschaft mit uns macht. Diese Wirkung ist unmittelbar und nicht steuerbar – und das kann zu Reaktionen führen, die unserer Kommunikation ... sagen wir mal ... nicht eben zuträglich ist.

Weil die emotionale Verarbeitung im Gehirn schneller abläuft als die kognitive, brennt der emotionale Baum bereits lichterloh, wenn wir beginnen die Sache zu durchdenken. Allzu oft sind unsere Gedanken dann nur noch Rationalisierungen unseres emotionalen Zustandes.

Unsere Emotionen sind wahrscheinlich die stärkste prägende Kraft in unseren Leben. Der Rat „Sei doch nicht so emotional!" ist wie die Aufforderung, doch bitteschön nicht so zweibeinig und vertikal zu sein. Menschen sind zweibeinig und vertikal, wenn wir nicht ein gesundheitliches Problem haben, und genauso sind mental gesunde Menschen emotional. Beides ist völlig normal.

Sie können Ihre Emotionen nicht kontrollieren. Woran Sie aber arbeiten können, ist Ihre Reaktion auf eine emotionale Aufladung.

Als Kind fühlte sie sich von den Eltern allein gelassen und so tut sie sich noch heute äußerst schwer mit tiefen, emotionalen Bindungen. Nach außen führt sie ein erfolgreiches Leben, mit Intelligenz und eiserner Disziplin hat sie beruflich viel erreicht. Sobald eine andere Person ihr aber nahekommt, spürt sie eine überwältigende Angst vor Kontrollverlust.

Peter war lange Zeit nur ein oberflächlicher Bekannter, bis er auf einmal mehr wird. Die beiden verlieben sich ineinander und sie wagt es, sich auf eine Beziehung einzulassen. Sie fühlt sich in Peters Nähe sicher und glücklich und sie genießen die neue Zweisamkeit. Bis zu dem Tag, an dem Peter eine vermeintlich harmlose Frage stellt, die in ihr die alte Angst weckt, allein gelassen zu werden. Sie reagiert aggresiv, als kämpfte sie um ihr Leben.

Dieses Muster verfestigt sich im Lauf der Zeit: Jede kleine Meinungsverschiedenheit führt in explosiver Ge-

schwindigkeit zur Krise, jede Krise zum Krieg und jeder Krieg führt zum Verbrennen emotionaler Brücken und Landschaften. Die Beziehung stirbt.

Es gibt wahrscheinlich kaum einen Menschen, in dem das Leben nicht auch ungünstige Verhaltensmuster angelegt hat. Bei manchen führen negative Erfahrungen zu ernsthaften Verwicklungen im Gehirn, bei Einzelnen bis hin zu einem Krankheitsbild. Reaktionen auf Reize können von Road Rage über Verbalattacken in Kommentarspalten der sozialen Medien bis hin zu körperlicher Gewalt reichen.

Wichtig ist zu verstehen, dass das Prinzip der schnellen Reaktion zunächst ein Schutzmechanismus ist: Unser Gehirn gibt emotionalen Meldungen – vor allem Gefahrenmeldungen – Vorrang vor allen anderen Informationen. Wenn uns ein Muster begegnet, das wir als Bedrohung abgespeichert haben, lässt uns das unmittelbar handeln, noch ehe wir die Sache vernünftig durchdacht haben.

In der Aufmerksamkeitsforschung nennt man das Zeitintervall, während dem nur ein einziger Reiz verarbeitet werden kann und alles andere ausgeblendet ist, die „refractory period“ (Refraktärperiode). Ich nenne sie hier etwas einfacher „Fuck-up-Zone“. Es ist die Zeit, in der die Emotion ausgelöst ist und unser Gehirn noch keine Gelegenheit hatte, sich mit der auslösenden Information „vernünftig“ zu beschäftigen. Wenn es eine schwierige Phase im Leben eines jeden Menschen gibt, dann ist es diese! Blöderweise erleben wir sie immer und immer wieder. Häufiger sogar mehr als einmal am Tag.

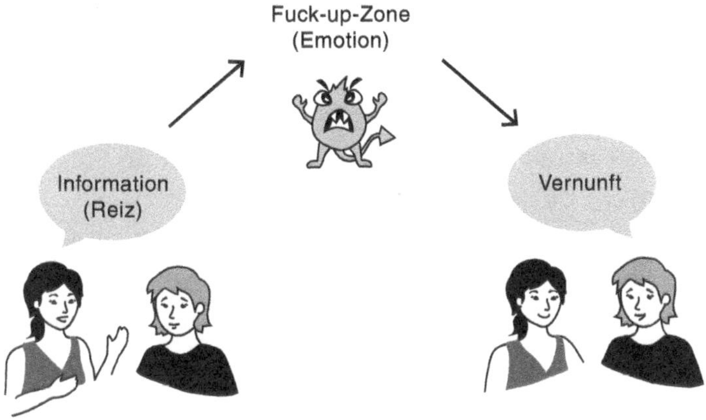

Wir haben eine Gefahrenzone der Enthemmtheit zu überwinden, bevor wir in den grünen Bereich der Vernunft kommen. Das gilt für uns alle, wenn auch in unterschiedlicher Ausprägung. *Prägung* ist hierbei ein zentraler Begriff, da frühere Erfahrungen mitbestimmen, ob wir uns auf jeden Reiz hin zähnefletschend verteidigen oder ob wir bereits früh gelernt haben, besonnen auf emotionale Impulse zu reagieren. So oder so sind wir gut beraten, in der Fuck-up-Zone erst einmal überhaupt nicht zu reagieren und so lange innezuhalten, bis sich unser Verstand wieder zuschaltet. Aber wie soll das gehen?

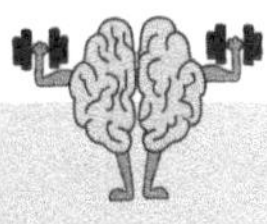

Reaktionsmuster identifizieren

Menschen sind sehr verschieden, was den Umgang mit ihren Emotionen angeht, weil dieser zu großen Teilen das Ergebnis individuellen Lernerfahrungen ist. Der erste

Schritt um die Falle der Fuck-up-Zone herum ist deshalb, sich bewusst zu machen: „Wie reagiere ich eigentlich auf meine Gefühle?"

Beobachten Sie sich selbst. Fallen Ihnen Muster auf?

- Wenn ich wütend bin, dann werde ich sofort laut.
- Lenken Sie sich von starken Emotionen durch sensorische Erlebnisse ab (Alkohol, Rauchen, Sport oder Sex)?

Sprechen Sie mit Ihrem Partner bzw. Ihrer Partnerin oder engen Freunden. Sie haben meistens ein recht gutes Bild davon, wie wir mit welchen Emotionen umgehen. Hören Sie genau hin, wenn Sie häufiger gesagt bekommen: „Nun fahr doch nicht gleich wieder aus der Haut!" Das tut zwar weh, ist aber ein wertvoller Hinweis.

Erst wenn Sie Ihr Muster in Ihrem Umgang mit Emotionen identifiziert haben, können Sie beginnen, es durch ein anderes zu ersetzen (mehr dazu gleich). Dabei kann es sinnvoll sein, sich Hilfe zu holen. Ein Vertrauter, ein Coach oder Mentor oder gegebenenfalls auch ein Therapeut können wichtige Wegbegleiter sein.

Wer wütend wird, wird doof!

Die emotionalisierte Aufladung, die wir in der Fuck-up-Zone erleben, macht es äußerst schwer, eine impulsive Reaktion in ein vernünftigeres Verhalten umzuleiten. Wenn wir gerade keine gute Entscheidung darüber fällen können, *wie* wir reagieren, liegt es nahe, erst mal *gar nicht zu reagieren.*

Weder blinde Wut noch panische Angst sind konstruktive Impulsgeber. Beim Zorn wird es am deutlichsten: Wer wütend wird, wird doof.

Kennen wir nicht alle diesen fürchterlichen Moment, wenn die Birne langsam abkühlt und uns klar wird: „Jetzt habe ich gerade ein komplettes Brot, einen Narren, einen Idioten aus mir gemacht." Ich habe im Auto rumgetobt wie Rumpelstilzchens Opa, habe gehupt und geschimpft und mir fast den Mittelfinger gebrochen. Meine Frau sieht einmal mehr so aus, als wäre sie lieber mit Frankensteins hässlichem Bruder verheiratet, der Säugling weint und der Teenager hat die Augen wie die Mütze nach hinten verdreht. Ich habe mich zum Paria gemacht und bin nun auf Vergebung oder Vergesslichkeit meiner Liebsten angewiesen. Am besten auf beides! Und übrigens auch darauf, dass die von mir Beschimpften nicht genauso unkontrolliert reagieren wie ich selbst. Dann würde die Sache völlig aus dem Ruder laufen! Und wofür? Für ein Gefühl, das in derselben Zeit und mit ein paar tiefen Atemzügen schon wieder abgekühlt wäre.

Unmittelbare Reaktionen sind allzu oft Kommunikationskiller.

Interessanterweise sind Führungskräfte gerne dabei, negative Gefühle ungehemmt auszuleben. Das Verrückte ist, dass das auf den ersten Blick durchaus ein Erfolgsrezept ist, frei nach dem Prinzip: „Einem guten Hund gibt man einen Knochen. Einem bösen Hund gibt man sicherheitshalber zwei!" Wie oft schon habe ich über Führungskräfte sagen hören: „Der ist ganz in Ordnung, du darfst ihm nur nicht querkommen!" Ein seltsamer Qualitätsmaßstab.

Zahllose Menschen, von denen jeder von uns eine kleine und unangenehme Auswahl kennt, sind mit dem Credo erzogen worden, dass sie sich durchsetzen müssen gegen andere. Sie haben es verinnerlicht und sie leben sogar ganz gut und erfolgreich damit. Vom gelegentlichen Herzkasper mal abgesehen.

Im Film mag es unterhaltsam sein, wenn ein Pate im selbstgerechten Zorn seine Gangbanger losschickt, um einen respektlosen Rivalen umzunieten. Als Vorbild für unser alltägliches Handeln kann uns das dennoch nicht dienen. Umso bedenklicher ist die Tatsache, dass wir zunehmend in einer Kultur der Ausraster leben. Die enthemmte Reaktion in der für unsere Kommunikation so gefährlichen Fuck-up-Zone wird zum Normalfall, der Wutbürger zum Ehrenbürger. Mehr als ein Drittel der Befragten einer Online-Umfrage gab 2024 an, wütend zu sein. Worauf? Auf so ziemlich alles, was außerhalb ihrer Komfortzone lag. Und es war den Befragten offenbar noch nicht einmal peinlich! Dass dies das Ergebnis einer Online-Umfrage war, scheint kaum ein Zufall.

Immerhin sind es die sozialen Medien, die unmittelbaren, hoch emotionalisierten Reaktionen nicht nur eine Bühne geben, die ständige Provokation von Emotionen ist ihr Kerngeschäft. Die Möglichkeit zum individuellen und ungestraften

Ausrasten war für die Entwicklung der sozialen Medien genauso ein Brandbeschleuniger wie die Pornografie fürs Internet. Und jetzt haben wir den Salat von ungefiltertem, emotional aufgeladenem Schwachsinn, offenem Hass und Drohungen.

Noch nie hat ein Mensch eine Diskussion in Kommentarspalten sozialer Medien mit einem Gefühl der inneren Bereicherung verlassen. Bestenfalls kann uns diese Blüte des zwischenmenschlichen Austauschs als Mahnung dienen, wie ineffektiv und schädlich impulsive und unreflektierte Reaktionen sind.

Sie entscheiden: Bedacht statt impulsiv

Haben Sie oben festgestellt, dass Sie selbst emotionale Reaktionsmuster zeigen, die Ihnen immer wieder Probleme bescheren und Ihre zwischenmenschlichen Beziehungen gefährden (s. S. 163 f.)? Diese emotionalen Reaktionsmuster sind erlerntes Verhalten, das Sie mit einem neuen Verhalten ersetzen können. Das Um-lernen erfordert Ausdauer, Hingabe und eine liebevolle Zuwendung zu uns selbst, doch am Ende dieser Anstrengung steht die selbstbestimmte Befreiung aus dem Irrglauben „So bin ich halt“. Sie entscheiden, wer Sie sein wollen.

Der Einstieg in den Umbau eines Reaktionsmusters hin zu einem neuen Verhalten ist – wie bereits gesagt: nichts zu tun. Wenn wir nämlich nichts tun, also nicht reagieren, egal wie aufgewühlt und emotionalisiert wir in diesem Moment sind, dann haben wir eine Chance, ganz von selbst aus der emotionalisierten Phase der Fuck-up-Zone herauszukommen und wieder im Einflussbereich unseres Verstandes zu landen.

Bedachte Aktion statt impulsive Reaktion

Gehen Sie mit dem Vorsatz „Ich werde auf nichts *sofort* reagieren" in eine Teamsitzung oder eine andere Situation mit mehreren Gesprächsteilnehmern, bei der Sie keine stark aufgeladene Stimmung erwarten müssen. (Zum Glück löst ja nicht alles, was wir täglich erleben, eine starke Emotion aus. Fangen Sie mit den schwachen Gegnern an, also jenen Impulsen, bei denen es noch leicht ist, den selbstmörderischen Versuchungen in der Fuck-up-Zone zu widerstehen.)

Lächeln Sie Ihre Gesprächspartner an und hören Sie zunächst einfach nur zu. Und wenn keiner was sagt … na, dann sagt halt keiner was. Viele von uns springen automatisch in die Lücken in einem Gespräch und nutzen ihre Chance, selbst etwas zu sagen. Sie nicht.

Wenn Sie eine Entgegnung auf etwas machen wollen, nehmen Sie den Impuls auf. Gehen Sie innerlich drei Schlüsselfragen aus der Übung „Motivationen" durch (s. S. 143 f.). Atmen Sie tief ein und aus. Lächeln Sie. Dann erst beginnen Sie zu sprechen.

Setzen Sie sich nach und nach immer größeren Herausforderungen aus, in denen es schwieriger wird, nicht zu reagieren. Sie werden feststellen, dass es Ihnen ein beruhigendes Kontrollgefühl gibt, nichts zu tun! Sie sind die Besonnene, auf die alle schauen und auf deren Reaktion alle warten. Lassen Sie sie warten und nehmen Sie sich die Zeit, Ihre Reaktion jenseits der Fuck-up-Zone vernünftig vorzubereiten. Dann ist Ihre Antwort auch das Warten der anderen wert.

Es wird viele Wiederholungen brauchen, bis dieses neue Reaktionsmuster sich verfestigt hat. Aber die Mühe trägt reiche Früchte und die Ausdauer lohnt sich. Es gibt kaum einen anderen Lebensbereich, in dem Nichtstun so reich belohnt wird wie in der Kommunikation. Außer vielleicht beim Investmentbanking.

Karma is a bitch

Wir neigen dazu, Situationen (insbesondere schwierige) isoliert zu betrachten, und übersehen, dass jedes zwischenmenschliche Ereignis für uns Teil einer lebenslangen Kette von Ereignissen und ihren Folgen ist. Darüber hinaus vernachlässigen wir, dass unser Gegenüber, das einen kommunikativen Reiz setzt und in uns einen emotionalen Impuls auslöst, selbst auch eine Kette an Lebensereignissen und -erfahrungen mitbringt.

Wenn wir impulsiv reagieren, beeinflussen wir mindestens zwei Leben, ohne nachzudenken: das des anderen und unser eigenes. Wir schreiben mit allem, was wir tun und sagen, diese Lebensgeschichten fort, und zwar ohne Radiergummi oder Korrekturtaste. Mit dem, was wir heute sagen oder tun, müssen wir morgen leben.

Ich habe in meinem Leben als Journalist und Nachrichtenmoderator tausende Interviews geführt. Als Coach und Berater habe ich hunderte Menschen auf solche Interviews vorbereitet. Aus dieser Erfahrung weiß ich, dass dies eine der wichtigsten Botschaften für alle ist, die sich kritischen Fragen in der Öffentlichkeit stellen müssen: Nicht sofort antworten!

Es gibt keinen Grund, nicht wenigstens kurz zu überlegen, wie man reagieren und was man sagen möchte. Insbesondere dann, wenn die Frage bewusst provokant gestellt ist, um möglicherweise eine emotionale Entgleisung für die Ewigkeit aufzuzeichnen.

Deshalb empfehle ich allen, die ich auf solche Auftritte vorbereite, innezuhalten und sich zu erinnern: Was habe ich mir bei meinen Vorbereitungen dazu überlegt? Dann erst holt man tief Luft und beginnt zu reden.

Die Sorge, zögerlich oder uninformiert zu wirken, wenn man nicht sofort antwortet, ist absolut unbegründet. In der Stresssituation eines Interviews kommen uns drei oder vier Sekunden wie eine Ewigkeit vor. Für unsere Gesprächspartner und möglichen Zuhörer oder Zuschauer ist es eine minimal kurze Zeit.

Wir können unsere gefühlte Ewigkeit deshalb nutzen, um für uns sicherzustellen, dass wir sagen werden, was wir sagen wollten. Und nicht das, was uns ein Fragestel-

ler suggeriert oder eine emotionale Aufgewühltheit, die er uns auf die Zunge legt.

Altbundeskanzler Helmut Schmidt hatte diese Strategie perfektioniert. Er blickte seine Fragesteller zunächst an, als seien sie ein bisschen minderbemittelt, rauchte im Zweifelsfall eine halbe Zigarette und setzte erst dann in aller Ruhe an, zu sprechen. Niemand hat je behauptet, dass er dabei nicht souverän gewirkt habe. Im Gegenteil!

Das ist übrigens die eigentliche Bedeutung von Karma. Jede unserer Handlungen und jedes Wort hat Folgen, mit denen wir morgen leben müssen. Und weil das so ist, ist es klüger, etwas unausgesprochen zu lassen, wenn wir nicht wissen, was wir mit den Worten anrichten könnten. Sonst heißt es am Ende vielleicht noch „Karma is a bitch!" (im Sinne von jeder bekommt, was er verdient).

Wenn Sie sich einen Satz aus diesem Kapitel merken sollten, dann ist es dieser:

Ein Wort zu wenig kannst du nachtragen,
ein Wort zu viel wird dir nachgetragen.

Haben Sie Mut zu schweigen, wagen Sie Pausen und hören Sie zu! Eine wohlüberlegte Antwort ist effektiver und respektvoller als jede impulsive Reaktion und beugt Missverständnissen vor.

9 Wir, hier, jetzt – Fokus und Präsenz im Austausch

Wenn man Menschen befragt, was große Kommunikatoren zu großen Kommunikatoren macht, fallen häufig Sätze wie „Wenn sie auf der Bühne redet, hast du das Gefühl, du bist ganz allein mit ihr im Raum" oder „Er ist komplett bei dir!". Ronald Reagan, Bill Clinton und Barack Obama hatten diese Fähigkeit, ihren Wählern selbst bei Großveranstaltungen ein Gefühl von tiefer persönlicher Verbundenheit zu geben, und es ist kein Zufall, dass sie beruflich einigermaßen weit gekommen sind.

Auch in unserem Alltag begegnen wir hin und wieder Menschen, die uns in ihren Bann ziehen, weil sie uns das Gefühl schenken, uns zu verstehen, obwohl sie uns nicht (gut) kennen und nicht nur mit uns allein reden. Was diesen Menschen gelingt, ist, aus einer „Ich-und-viele"-Situation eine „Ich-und-du"-Kommunikation zu machen. Selbst wenn sie zu vielen sprechen, schaffen sie eine Verbindung zu jedem einzelnen Zuhörer. Damit haben sie eine gute Chance, diese emotional zu berühren und sie mit ihrer Botschaft zu erreichen.

Sind diese Reagans, Clintons und Obamas nun einfach kommunikative Ausnahmetalente, denen das Schicksal eine seltene Mitteilungsfähigkeit in die Wiege gelegt hat? Natürlich nicht. Sie sind geübt darin, einen weiteren Aspekt der emotional intelligenten Kommunikation umzusetzen: Ob im Einzelgespräch oder vor einem großen Publikum stellen sie echte Verbindungen her.

Präsenz und Fokussiertheit sowie die Bereitschaft, unseren Gesprächspartnern einen Vertrauensvorschuss zu schenken, erhöhen die Wahrscheinlichkeit erheblich, dass wir echte Verbindungen schaffen und unsere Kommunikation gelingt. Deshalb wollen wir uns im Folgenden damit befassen, wie wir diesen Herausforderungen in verschiedenen kommunikativen Settings begegnen können und welche Rolle unser Verständnis von Vergangenheit, Gegenwart und Zukunft dabei spielt.

Von Mensch zu Mensch

Oft führen wir Gespräche, an denen mehrere Menschen gleichzeitig beteiligt sind. Sei es in der Familie, bei Teamsitzungen in der Arbeit, wenn eine Lehrkraft vor eine Schulklasse tritt oder wir vor großem Publikum reden.

Mit allem, was Sie bisher erfahren haben, scheint das Phänomen „Massenkommunikation" (egal ob drei oder dreitausend Gesprächsteilnehmer zugegen sind) eine hochkomplexe Aufgabe: Wie sollen sich die Regeln emotional intelligenter Kommunikation auf viele skalieren lassen?

Die Gefühlslage *eines* Menschen zu lesen ist bereits eine Herausforderung, wie soll das also in einer Gruppe gelingen, in der jeder Einzelne unterschiedliche Wahrnehmungen, Narrative, Emotionen und Bedürfnisse hat? Wie nehmen wir Verbindung mit Einzelnen auf, wenn es viele Einzelne sind? Wie bleibt man gleichzeitig auf verschiedenen Augenhöhen? Denken Sie nur an den Familienrat: Da sitzt der Zehnjährige zwischen dem Patriarchen und der alles dominierenden Großmutter. Wie können Sie alle drei gleichzeitig motivieren?

Ehe Sie nun verzweifeln, habe ich eine gute Nachricht für Sie: Egal, wie viele Menschen an einer Kommunikation beteiligt sind, letztendlich ist es immer ein Gespräch zwischen Zweien, die durch ihre menschlichen Grundbedürfnisse verbunden sind. Wenn Sie hier über emotional intelligente Kommunikation mit und in Gruppen lesen, gehen Sie zu Recht davon aus, dass ich Gruppen von Menschen meine. Anleitungen für Gespräche mit Guppys oder Gorillas kann ich nicht geben, dafür gibt es (bestimmt!) andere Bücher. Das mag trivial klingen, ist aber wichtig. Wenn wir alle Menschen sind, die da miteinander reden, dann sollte nämlich eines gewiss gelten: Wir dürfen vertrauen, dass in dieser illustren Runde auch wir selbst Mensch sein *dürfen*.

Wir alle teilen die Grundbedürfnisse nach Freiheit und Verbundenheit (wenn auch in unterschiedlichen Ausprägungen). Wir alle wollen glücklich sein. Niemand will leiden oder Schmerz spüren.

Wir können im Gespräch darauf vertrauen, dass „Mensch-Sein" okay ist.

Die tiefsitzende Einsicht, dass wir als Menschen trotz aller Unterschiedlichkeit doch diese grundlegenden Gemeinsamkeiten haben, wirkt vor allem in Situationen beruhigend, in denen wir öffentlich reden, vor mehreren oder gar richtig vielen Menschen.

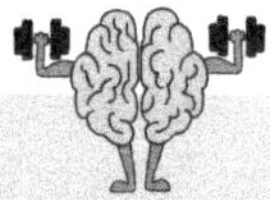

Mit wem spreche ich, bitte?

Führen Sie sich einmal vor Augen, mit wem Sie reden, wenn Sie mit mehreren Menschen gleichzeitig kommunizieren.

- Schauen Sie in die Gruppe, ohne auf einen Einzelnen zu fokussieren?
- Schauen Sie den Kleinsten oder die Schwächste an, weil er oder sie am meisten Erklärungen und kommunikative Hilfe benötigt?
- Oder suchen Sie in den Augen des dominantesten Teilnehmers der Runde nach Reaktionen?
- Wie fühlt es sich an, mit dem eigenen Fokus von einem zum anderen zu wechseln und stellen Sie dabei wirklich eine Verbindung her?
- Oder sehen Sie niemanden, weil Sie viel zu sehr mit sich selbst beschäftigt sind?

Wenn Sie eine Verbindung mit ihren Zuhörern und Zuhörerinnen suchen, dann müssen Sie bewusst den Kontakt herstellen. Ansonsten huschen Ihre Augen und mit ihnen Ihre Aufmerksamkeit von einem Fokus zum nächsten, liefern Ihnen beliebigen und unvorhersehbaren Input, statt Ihnen den Menschen zu zeigen, mit dem Sie reden.

Nie mehr Beutetier

Manche Psychologen vergleichen die Situation des Redners auf der Bühne mit der misslichen Lage eines von Raubtieren umringten Beutetieres. Geblendet von einem Scheinwerfer wird er beäugt von einer ihm fremden Meute, deren Bewertungen er ausgeliefert ist. Hält sein Publikum ihn für das saftige Äquivalent eines kommunikativen Sonntagsbratens oder ist er ihnen inhaltlich zu mager? Vielleicht hat es Freude an der Jagd und erlegt ihn mit Zwischenrufen und fiesen Fragen, einfach nur weil es Spaß macht.

Es versteht sich von selbst, dass diese Situation bereits im Vorfeld zu teils erheblicher Anspannung führt. Das Phänomen Lampenfieber stellt sich da praktisch von selbst ein und überrascht manchen in seiner Intensität, die von leichter Aufgeregtheit bis zur blanken, lähmenden Panik reichen kann. Aus Sicht der Amygdala ist Angst in diesem Szenario ja auch eine gesunde Reaktion. Der Blackout eines Redners ist dann kaum etwas anderes als das Sich-tot-Stellen des Beutetieres.

Die natürliche Wahrnehmung einer solchen Kommunikationssituation wird aus Rednersicht zunächst einmal „Ich-gegen-viele“ sein. Als Redner stehe ich einer scheinbar geschlossenen Front gegenüber, die ich mit Worten erreichen muss. Das ist nicht gerade ein ermutigendes Gefühl und ich gerate schnell in eine Defensivhaltung.

Glücklicherweise gibt es einen Weg aus dieser Lage. Beim Rednertraining empfehle ich nicht etwa – wie Sie nun vielleicht annehmen –, sich alle im Saal nackt vorzustellen. Stattdessen fordere ich den Klienten auf, sich gedanklich auf die andere Seite zu beamen, also Teil des Publikums zu werden. Wie fühlt sich das an?

Bei diesem einfachen Perspektivwechsel wird schnell klar: Wenn ich als einer von vielen inmitten von Menschen in einem abgedunkelten Saal sitze, dann bin ich gewissermaßen mit dem Menschen auf der Bühne allein. Allein mit meinen Erfahrungen, meinen Bedürfnissen und meinen Gedanken und dem, was der Redner sagt. Aus seinen Worten nehme ich das auf, was für mich Relevanz hat. Das ist ein Prozess zwischen zwei Menschen. Mit dieser einfachen Umkehr der Blickrichtung können Sie sich aus der Beutetier-Falle befreien, denn sie erlaubt Ihrem Gehirn, das lähmende „Ich-gegen-viele"-Szenario in ein viel weniger bedrohliches „Ich-und-Du" umzudenken.

Die folgende Technik der positiven Selbstmanipulation kennen Sie bereits (s. S. 71).

Zwiegespräch mit der Menge

Wenn Sie vor großem Publikum sprechen müssen, überzeugen Sie Ihr Gehirn: Spreche nicht mit vielen, sondern nur mit einem. Dazu führen Sie sich jemanden vor Ihr geistiges Auge, mit dem Sie gerne reden, dem Sie vertrauen und der Ihnen wohlgesinnt ist. Das kann Ihr Partner sein oder auch wieder Ihr Dackel. Lächeln Sie diesen „eingebildeten" Gesprächspartner an. Das hat zwei Effekte: Sie lächeln auf einmal Ihr Publikum an und es besteht die Chance, dass einige zurücklächeln. Außerdem haben Sie

Ihr Gehirn in den Modus eines Zwiegespräches gebracht und heraus aus der Situation des Beutetieres. (Wenn Sie regelmäßig zur Beute Ihres Dackels werden, denken Sie bitte nicht an den Dackel!)

Wenn wir eine Situation, die rein numerisch ein „Ich-und-Ihr" ist, in unserer Wahrnehmung zu einem „Ich-und-Du"-Austausch verwandeln, macht es uns das nicht nur einfacher, es macht eine emotional intelligente Kommunikation überhaupt erst möglich. Denn emotionale Kompetenz heißt hier nicht nur, mit den emotionalen Bedürfnissen meines Gegenübers und der emotionalen Wirkung meiner Worte umzugehen, sondern auch mit meinem eigenen emotionalen Zustand.

Innere Haltung, äußeres Verhalten

Um Verbindungen aufzubauen, sind Vertrauen, Offenheit und gegenseitiger Respekt grundlegende Voraussetzungen. Zudem erfordert es aktive Kommunikation und die Bereitschaft, sich auf den anderen einzulassen und zuzuhören.

- Wer selbst Vorbehalte hat, kann keine Offenheit erwarten.
- Wer eine versteckte Agenda mit ins Gespräch bringt und sein Gegenüber zum Objekt dieser Agenda macht, der wird dessen Vertrauen nicht gewinnen.

- Wer mit seinen Gedanken woanders ist, wird seinem Gesprächspartner nicht wirklich begegnen.

Das wären die Negativaussagen. Vielleicht einleuchtend, aber nicht besonders hilfreich, oder? Wie wärs mit den positiven Lehren:

- Wer offen ist, ohne Vorbehalte, der hat eine Chance, Offenheit zu erfahren.
- Wer seinen Gesprächspartner wirklich als Partner sieht, der kann sein Vertrauen gewinnen.
- Wer ganz auf seine Gesprächspartnerin fokussiert ist, wird eine Verbindung herstellen können.
- Wer seinen Gesprächspartner mit allen Sinnen bewusst wahrnimmt, der hat eine Chance, gesehen und gehört zu werden.

Wunderbare Einsichten! Und wie machen wir das? Wie ist man offen, sieht sein Gegenüber als Partner, fokussiert komplett auf nur eine Person und nimmt diese mit allen Sinnen wahr? (... seien Sie bitte vorsichtig mit dem Tastsinn!) Wir haben alle keinen Schalter für Offenheit, Fokus, Partnerschaftlichkeit, Zugewandtheit – wir müssen sie bewusst herstellen, damit wir sie fühlen. Wir müssen sie fühlen, um sie in unsere Kommunikation einbringen zu können.

Erinnern Sie sich an das Beispiel aus Kapitel 2 (s. S. 54), in dem ein Unternehmenslenker die jüngst eingeführte Du-Kultur mit einem einzigen Satz zunichtemachte? „Was fällt Ihnen ein, mich zu duzen!“ Dieser Satz rutscht nur einem Menschen heraus, der sein Verhältnis zu seinen Mitarbeitern und Mitarbeiterinnen in einem „Ich-und-Sie" denkt. Für ihn sind die Zuhörer Objekte seiner Unternehmensstrategie und seiner hierarchischen Führung – es besteht keine Verbindung durch Offenheit, Partnerschaftlichkeit, Zugewandtheit. Wer im „Ich-und-Du" verbunden ist, der fände einen solchen Satz gar nicht in sich. Er brächte ihn wohl noch nicht einmal über die Lippen, auch wenn er es sich ganz fest vornähme. In persönlichen Streitigkeiten zwischen Lebenspartnern sind bestimmt fast alle anderen Schwachsinnigkeiten schon einmal geäußert worden. Aber ein „Was fällt Dir ein, mich zu duzen!" ist kaum denkbar, dafür ist die Beziehung zu intim, zu offensichtlich „Ich-und-Du".

An dieser Stelle wird offenbar, dass unser nach außen sichtbares Ver*halten* Ausdruck unserer inneren *Haltung* ist. Die sprachliche Verwandtschaft ist kein Zufall.

Stefan fällt es schwer, eine Bindung zum zehnjährigen Sohn seiner neuen Partnerin aufzubauen. Der aufgeregte, meist wild herumtobende Junge tötet ihm schnell den letzten Nerv. Stefan könnte ihn nun insgeheim als einen Fall von ADHS abschreiben und hoffen, dass seine Mutter ihn bald mit Medikamenten ruhigstellt. Stattdessen überdenkt er seine Haltung gegenüber dem Kind und seine Rolle als Erwachsener. Stefan entscheidet sich, die Energie des Jungen als dessen Potenzial zu betrachten, das sich in übersprudelnder Neugierde und Aktivität zu entfalten sucht. Nun gelingt es ihm leichter, sich mit ihm zu beschäftigen und ihn dabei zu begleiten, die ganze Welt zu entdecken.

Ähnlich wie Sie nicht Ihre Emotionen an sich ändern können, sondern nur Ihre Reaktionsmuster auf die Emotionen anpassen, um besser zu kommunizieren, sollten Sie nicht versuchen, einen anderen Menschen zu ändern, um die Verbindung zu verbessern. Es wird Ihnen nicht gelingen und schlechtestenfalls diese Beziehung gefährden. Konzentrieren Sie sich stattdessen auf das, was Sie verändern können: Ihre Haltung gegenüber diesem Menschen.

Die „Charakter-Legende" auflösen

Wir neigen dazu, unsere Haltungen als Teil „unseres Charakters" als gegeben zu betrachten: „Ich kann mit sowas nicht umgehen", „Ich bin nicht gut genug", „Wenn ich Respekt will, muss ich mich hart durchsetzen". Wir alle tragen eine Fülle an negativen Überzeugungen mit uns herum, die nichts anderes tun, als Haltungen zu zementieren und Haltungsschäden zu rechtfertigen. Egal, wie gebückt, gebeugt, verdreht oder verkorkst wir durchs Leben gehen ... wir werden uns immer selbst erzählen, dass wir *eben so sind.*

Wenn wir so durchs Leben schreiten, dann sind wir wie ein Geisterfahrer, der trotz hunderter ihm entgegenkommender Fahrzeuge nicht erkennt, dass er allein in falscher Richtung unterwegs ist, und fragt: „Ja bin ich denn umgeben von Geisterfahrern?!"

Wenn meine Kommunikation mit meinen Mitmenschen immer wieder scheitert, nicht zum Ziel führt, sich unbefriedigend anfühlt oder gar Schaden anrichtet in Form von eskalierenden Konflikten, dann liegt die Vermutung nahe, dass das an *meiner* Haltung liegt. Vielleicht bin ich ein kommunikativer Geisterfahrer. Diese Gefahr ist real. Deshalb sollten wir unsere Haltung(en) in jeder neuen Kommunikationssituation auf ihren Wahrheitsgehalt und Nutzen überprüfen.

Wenn wir feststellen, dass unsere Haltung nicht hilfreich ist, dann brauchen wir eine neue. Die gibts umsonst, aber nicht ohne Mühen. Wie Posen beim Yoga, in der Kampfkunst oder beim Turnen, muss auch eine innere Haltung durch ständige Wiederholung gefestigt werden, ehe sie uns zur Angewohnheit wird. Zur guten Angewohnheit.

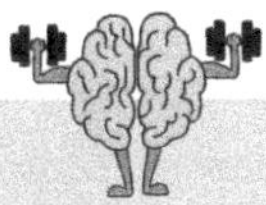

TÜV für Ihre Haltungen

Überprüfen Sie Ihre Haltungen regelmäßig. Gute Prüfungsfragen sind:

- Wie können wir uns (also: ich dir und du mir) unsere Leben ein kleines Stück besser machen?
- Was kann ich tun, damit aus dieser Begegnung eine positive Erfahrung wird?
- Wo ist in dieser Begegnung eine Win-win-Situation versteckt?
- Oder auch in konfliktbehafteten Begegnungen:
- Wofür kämpfe ich eigentlich?
- Muss ich dafür kämpfen oder gibt es einen anderen Weg?
- Ist mir das, worum es in diesem Konflikt geht, eigentlich wirklich wichtig?

Sie merken, das sind konstruktive Fragen, die bereits voraussetzen, dass jede Begegnung (o. k. … fast jede!) ein positives Potenzial hat: Sie kann Situationen und Beziehungen verbessern. Wenn Sie immer wieder mit solchen Fragen Ihre Haltung überprüfen, werden Sie zwei Dinge verinnerlichen:

- Es gibt ein positives Potenzial in fast jeder Begegnung.
- Ich kann dieses Potenzial mit emotional intelligenter Kommunikation heben.

Wir sind alle darauf trainiert, Begegnungen mit anderen Menschen vor dem Hintergrund der Situation und der Beziehungen zu diesen Menschen zu beurteilen. Wenn wir mit diesem Menschen schon einmal negative Erfahrungen gemacht haben, wird vielleicht Vorsicht und Zurückhaltung die Begegnung prägen. Vielleicht auch ein aggressives Verhalten. Auch wenn ein zufälliges Detail dieses Menschen uns an eine negative Erfahrung erinnert: „Der trägt dieselbe Armbanduhr wie der Wicht, mit dem meine erste Frau auf und davon ist!“ Da wird dasselbe Gefühl in uns ausgelöst wie während der ursprünglichen Erfahrung und die Konsequenz ist: Wir verschließen uns vor einem Menschen, der nicht mehr getan hat, als ein Massenprodukt zu benutzen, das wir mit etwas Negativem verbinden – vorausgesetzt, es war für Sie negativ, dass Sie Ihrer Frau verlustig gingen.

Wer urteilt, verurteilt. Auch sich selbst!

Sabine hat am Morgen per Mail eine Zusage erhalten für den ersehnten neuen Job mit mehr Verantwortung und noch mehr Gehalt. Seither schwebt sie innerlich auf Wolke sieben, was natürlich keiner ihrer (bald Ex-)Kollegen ahnt. Ausgerechnet jetzt schneit dieser seltsame Typ aus der Disposition herein, der immer akribisch auf die Einhaltung aller Vorschriften drängt und diesen ekligen Mundgeruch hat, und will ganz dringend eine eigentlich unbedeutende Angelegenheit mit Sabine klären. Das interessiert sie gerade überhaupt nicht! Eigentlich arbeitet sie ja gar nicht mehr hier.

Die Chance, dass diese Begegnung für beide Teilnehmenden zur Win-win-Situation wird, ist ausgesprochen gering!

Zum einen müsste Sabine die Motivation finden, ihre Haltung anzupassen und sich zu erinnern, dass der Dispositionskollege nicht ahnt, dass ihre Aussicht auf eine neue Stelle sein Anliegen belanglos erscheinen lässt. Jedoch ist ihre Konfliktbereitschaft durch die bereits vollzogene innere Kündigung vermutlich höher als ihr Interesse an Kooperation.

Hinzu kommt ein weiterer Faktor, der eine gelingende emotional intelligente Kommunikation beinahe unmöglich macht. Das Urteil, das Sabine über ihren Kollegen gefällt hat: Er ist der Pedant mit Mundgeruch.

Wir neigen dazu, (oft vorschnelle) Urteile über Mitmenschen zu fällen. Ebenso wie wir von uns selbst glauben: „So bin ich halt", sagen wir über andere: „Sie ist eine Was-auch-immer …". Das heißt: An und für sich ist dieses Urteilsvermögen nicht schlecht. Die Fähigkeit, Handeln und Reden eines anderen einzuordnen, hat als Schutzmechanismus, der uns vor Schaden bewahren soll, eine wichtige Funktion. Sie ist Ausdruck eines einfachen Lernprozesses: „Du warst einmal nicht gut für mich. Es ist wahrscheinlich, dass sich das wiederholt." Diejenigen, die eine hohe Bereitschaft haben, ihre Mitmenschen zu beurteilen und in Schubladen einzusortieren, schaffen eine erstaunliche Ordnung in ihrer eigenen Wahrnehmungswelt. Das fühlt sich gut an und die meisten empfinden das als positiv.

Aber wie so oft greifen Ying und Yang ineinander und so hat auch dieser Mechanismus eine dunkle Seite. Nämlich dann, wenn die Charakterfalle in beide Richtungen zuschnappt: Dann urteilen wir über andere und damit verurteilen wir uns selbst, diese anderen nicht mehr zu verstehen.

Wir werden „diesem Lügner" noch nicht einmal die Uhrzeit glauben, selbst wenn wir sie gleichzeitig mit einem Blick auf die Turmuhr bestätigen könnten.

Wir können uns gar nicht vorstellen, dass der notorische Pedant berechtigte Bedenken wegen eines wichtigen Details anmeldet, so gefangen sind wir in der Vorstellung, dass dieser Mensch uns mit seiner Erbsenzählerei auf die Nüsse geht. Alles, was ein einmal abgeurteilter Mensch tut oder sagt, wird so verstanden werden, dass es unser Urteil bestätigt.

Nirgendwo wird dieser Mechanismus deutlicher als bei der Beurteilung unserer Kinder in der Schule. Studien haben erwiesen, dass eine Klassenarbeit eines Einser-Schülers deutlich besser bewertet wird als eine Klassenarbeit mit denselben Antworten, die ein Vierer-Kandidat abgibt. Genauso werden Kinder mit Migrationshintergrund anders beurteilt, ebenso wie Mädchen und Jungs. Dabei sind die Einsortierungen in Einser-Schüler und Vierer-Kandidaten in hohem Maße sich selbst erfüllende Prophezeiungen. Die Schüler werden mit Noten nicht nur be-urteilt, sie werden auch dazu ver-urteilt, auf einem bestimmten Leistungsniveau zu bleiben – manchmal durch eine ganze Schullaufbahn hindurch.

Wir leben in einer sich ständig verändernden Welt. Nichts und niemand ist „so“.

Unser nicht immer hilfreicher Verstand spiegelt Erfahrungen aus der Vergangenheit in unsere Projektion einer Zukunft. Da gehören sie aber nicht hin. Der Vierer-Schüler ist kein Vierer-Schüler. Er ist ein Schüler, der gestern eine Vier auf dem Zeugnis hatte. Heute ist dieser Schüler ein Schüler, der auch eine Eins schreiben könnte. Spannend an der Vergangenheit ist nur noch die Frage, was ihn davon abgehalten hat, eine bessere Noto zu bekommen. Tausend Gründe sind dafür denkbar. Vielleicht hatte er Schwierigkeiten im Elternhaus. Vielleicht wurde er gemobbt oder von seiner ersten Liebe verlassen. Oder sein Lehrer hat ihn einfach nicht erreicht. Für die Gegenwart sollte zählen, was der Schüler selbst und all jene, die ihm helfen können, aus diesem Wissen machen.

Unseren Schutzmechanismus können wir durch aufmerksame Prüfung als auch einsetzen, eine Situation zu verbessern, statt in einer endlosen Schleife sich selbst erfüllender Prophezeiungen zu verweilen. Was gestern galt, muss nicht morgen gelten. Wir können aus einem Muster aussteigen und durch die Reflexion unserer Annahmen und Charakterisierungen eine festgefahrene Kommunikation wieder neu starten.

Unsere Gedanken und Gefühle sind Zeitreisende

Der Mensch ist nach dem gegenwärtigen Stand der Forschung das einzige Wesen, das Gedanken und Konzepte durch die Zeit transportieren kann. Wir nehmen Erfahrungen aus dem Gestern, beurteilen damit Situationen von heute und streben eine Zukunft an, die es nur in unseren Köpfen gibt. Diese außergewöhnliche Fähigkeit zur Abstraktion hat alles hervorgebracht, was wir – manchmal allzu optimistisch – als Fortschritt bezeichnen. Nur weil wir verstanden haben, dass der Mond um die Erde kreist und wir uns mithilfe von Raketen aus der Erdanziehungskraft entfernen können, ist die Reise zum Mond überhaupt zu einer realisierbaren Option geworden. Und nur weil wir uns vorstellen konnten, in einer Zukunft einmal auf dem Mond zu stehen, wurde der Wunsch geboren, dieses Unterfangen anzugehen. Erfahrungen und die Vorstellung von der Zukunft sind starke Antriebskräfte.

Aber auch hier gilt: Achtung vor der Kehrseite! Das amerikanische Schriftstellergenie Mark Twain wird mit den Worten „Jeder Mensch ist ein Mond und hat eine dunkle Seite" zitiert. Das ist ein schönes Bild. Tatsache ist jedoch, dass wir ganz viele dunkle Seiten haben. Jede unserer herausragendsten Fähigkeiten kann uns auch in die Irre führen. Das hat oftmals verheerende Auswirkungen auf die Art und Weise, wie wir miteinander reden und vergeblich versuchen, uns gegenseitig zu verstehen und verständlich zu machen. Vergangenheit und Zukunft sind gefährliche Terrains für unser Miteinander, das immer nur hier und jetzt stattfindet. Es lohnt sich also, da genauer hinzuschauen: Die Risiken und Potenziale unserer gedachten Zeitreisen aus der Gegenwart in die Vergangenheit und Zukunft für unsere Kommunikation sind erheblich.

Vergangenheit: Erfahrungen sind noch keine Weisheiten

Wie wir gesehen haben, strukturiert es unsere Gedanken und sorgt für Kohärenz in unserem Gehirn, wenn wir unsere Erfahrungen als Bewertungsgrundlage für das nehmen, was uns heute, im Hier und Jetzt begegnet. Etwas zynisch stellte der Schweizer Psychiater Carl Gustav Jung fest: „Denken ist schwer, darum urteilen die meisten." Tatsächlich beendet unser Urteil in der Regel die Unsicherheiten des Nachdenkens. Ein Thema ist erledigt und in unserem Gehirn kehrt wieder Ruhe ein. Da diese Denkmaschine von Natur aus ein effizienter Energiesparer ist, ist das genau der Zustand, den sie anstrebt.

Das Gehirn kann denken, lässt es aber lieber. Also urteilen wir über Erlebtes und über Mitmenschen und ordnen die Lehren und die Protagonisten in das große Kasperletheater in unseren Köpfen ein. Mit klar aufgeteilten Rollen von Räuberhauptmann, Großmutter, Polizist und Krokodil.

Wie wir ebenfalls gesehen haben, ist der Verlass auf unsere Urteile ein zweischneidiges Schwert: Einerseits hilft es, andererseits hält es uns von Lösungsfindung und Weiterentwicklung ab.

Wir glauben, dass unsere Erfahrungen das sind, was gestern war. Das ist aber nicht so. Sie sind das, was wir gestern in unserer eigenen Wahrnehmungswelt erfahren haben. Das ist etwas anderes.

Wenn wir Erfahrungen in ein Narrativ einordnen, sind sie wie eine Gehhilfe. Diese Stütze dürfen wir nicht mit unseren Beinen verwechseln, die uns wirklich tragen und uns zu einem bestimmten Zeitpunkt an einer bestimmten Stelle mit dem Boden der Realitäten verbinden. Erfahrungen bringen wichtige Einsichten. Aber erst, wenn wir sie dort einordnen, wo sie hingehören, werden sie zu Weisheiten.

Was bedeutet das für unsere Kommunikation mit unseren Mitmenschen? Nur wenn wir akzeptieren, dass *diese* Situation eine andere Situation ist als gestern und dass *dieser*

Mensch ein anderer ist, als er gestern war und wir auch, nur dann werden wir offen dafür sein, tatsächlich in einen bedeutsamen Austausch zu treten. Schleppen wir hingegen die Altlasten unserer Urteile aus der Vergangenheit ungeprüft in die Gegenwart, dann wird unser „Confirmation Bias“, also unsere Voreingenommenheit zugunsten unserer Urteile, uns dazu verleiten, nur nach Bestätigungen für diese Urteile zu suchen. Dann zerren wir das Gegenwärtige in unsere ganz persönliche Vergangenheit, die unser Gegenüber nicht kennt und in der er nicht lebt.

Unsere Wahrnehmung unserer Erfahrungen und unsere Bewertungen machen es uns möglich, in die Zukunft zu projizieren. Aber Vorsicht! Unsere Erfahrungen sind subjektiv, unsere Bewertungen haben für andere keine Bedeutung. Es ist sehr gesund für unsere Kommunikation, uns immer wieder klarzumachen, worüber wir da eigentlich reden wollen. Geht es um Ereignisse und Erfahrungen, oder geht es um Urteile?

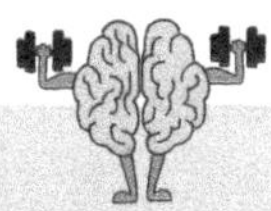

Bewertungen

Was beschäftigt Sie heute? Was ist das Wichtigste für Sie in diesem Moment? Schreiben Sie das Thema (oder die Themen) auf und überlegen Sie weiter:

- Was habe ich im Zusammenhang mit diesem Thema in der Vergangenheit erlebt?
- Was kann ich aus diesen Erfahrungen ableiten?

Jetzt streichen Sie alle Sätze durch, die *eine Bewertung* Ihrer Erfahrungen enthalten. Was bleibt übrig? Das sind die Erfahrungen und Ereignisse, wie wir sie wahrgenommen haben. Darüber können wir mit anderen reden. Nicht als absolute Wahrheiten, sondern als ganz individuelle Lehren, die wir daraus gezogen haben.

Gegenwart: Sorry, schon vorbei!

Wann ist eigentlich jetzt? Streng genommen ist es der gegenwärtige Zeitpunkt. Er ist unendlich kurz, schon vorbei. Auch das neue Jetzt, das ihm folgte, ist bereits Vergangenheit. Damit ist der einzige Zeitpunkt, in dem unser Leben stattfindet, so kurz wie ein Wimpernschlag. Noch kürzer! Wie kann das Jetzt dann so wichtig sein? Weil es der einzige Moment ist, in dem wir leben. Alle anderen Momente unseres Lebens sind schon gelebt oder liegen noch vor uns. Das vergessen wir viel zu oft, wenn wir über Vergangenes lamentieren oder zukünftige Konflikte antizipieren. Es gibt immer nur einen Moment, in dem wir tatsächlich etwas tun können. Ansonsten gilt die wunderbare Lehre des Gizem Kuru: Haben Sie ein Problem im Leben und können nichts dagegen tun? Warum sollten Sie sich dann ängstigen! Können Sie etwas dagegen tun? Warum dann Angst haben!

Stellen Sie sich vor, da steht jemand vor Ihnen, der Ihnen mit einem Baseballschläger eins verpassen will. Lassen wir mal alle Gründe außen vor, die Sie ihm dafür gegeben haben könnten, sie sind für das Beispiel nicht relevant. Wichtig für die Zukunft Ihrer Schädeldecke ist die Tatsache, dass es genau einen perfekten Zeitpunkt gibt, etwas gegen den Angriff zu unternehmen. Das ist der Moment, in dem der Verrückte ausgeholt hat und der Schläger für einen Moment auf seinem Zenit verweilt, ehe er in Richtung Ihres Kleinhirns unterwegs sein wird. An diesem einen Punkt hat er keine Energie. Das ist der Punkt, an dem Sie ihn aufhalten sollten und am leichtesten aufhalten können. Vorher gibts nichts aufzuhalten. Und danach tut's weh.

Willkommen im Jetzt! Gleichgültig wie unendlich kurz dieser Zeitpunkt theoretisch ist, wir können ihn im Leben ausdehnen. Die Stunde, in der Sie völlig im Spiel mit Ihrem Kind aufgehen. Die Minuten (oder Stunden ... bitte selbst ausfüllen ...), die Sie beim Sex mit Ihrer großen Liebe verbringen. Die Minuten, während derer Sie sich beim Musizieren in einem Musikstück verlieren oder beim Zuhören. Es sind diese Momente, in denen wir ganz intensiv spürbar im Jetzt leben. Es sind die Gegenwarten, in denen wir einfach nur hier sind, ohne nach hinten zu schauen oder nach vorne zu träumen.

Kleine Kinder leben komplett im Hier und Jetzt. Erst mit zunehmendem Alter verlassen sie diesen perfekten Spielplatz und denken sich in das, was angstmachende Eltern „den Ernst des Lebens" nennen. Der liegt in den Hoffnungen und Ängsten für die Zukunft und dem Bedauern über Vergangenes. Kinder machen solchen Unsinn nicht. Auch Tiere machen sich keine Bucket-Liste der noch anstehenden Reisen, Wanderungen, Speisekarten, zu vollziehenden Sexualakte oder ähnlicher Vorhaben. Sie bewegen sich dahin, wo es sie hinzieht, fressen, was sie kriegen können, vermehren sich ohne Rücksichten und Zukunftsversprechen. Sie leben im Jetzt.

Natürlich ist dies kein Plädoyer für ein planloses Herumirrlichtern. Vielmehr geht es darum, ein Bewusstsein dafür zu schaffen, dass wir unsere Kommunikation nicht mit Vergangenem oder Zukünftigem belasten sollten.

Wenn *wir* zu einem bestimmten *Zeitpunkt* mit unseren *Mitmenschen* reden, dann vergessen wir oft wesentliche Elemente dieser Situation. Uns selbst. Den Zeitpunkt. Unsere Mitmenschen. Das ist misslich, um es vorsichtig zu sagen, schließlich sind das die tragenden Säulen der kommunikativen Situation: *Ich* rede *jetzt* mit *dir*.

Damit Kommunikation geschehen kann, müssen wir im *Jetzt* präsent sein, das heißt mit unserer Aufmerksamkeit in diesem Moment und beim Gegenüber – nicht verfangen in der Aufregung über die Vergangenheit oder gelähmt von Angst angesichts einer angenommenen Zukunft.

Zukunft: Nur in meinem Kopf

Falls Sie jetzt die Flucht in die Zukunft suchen, muss ich Sie enttäuschen: Tatsache bleibt, dass wir nie in der Zukunft leben können. Trotzdem sind wir geradezu besessen von der Zukunft. Als die meisten Menschen noch in einem rudimentären Überlebenskampf verfangen waren, kaum mobil waren und wenige Möglichkeiten hatten, ihr Lebenslos gegen ein anderes zu tauschen, war die Versuchung, laufend mit einem Auge in die Zukunft zu schielen, gering. Das ist in unseren modernen Gesellschaften anders. Je mehr wir erreichen können, an Konsumgütern oder Status, umso mehr scheint sich unser Fokus auf die Zeit zu richten, die vor uns liegt.

Das hat mit dem Prinzip Hoffnung zu tun, das sich einstellt, sobald wir die Aussicht auf eine Besserung unserer Situation haben. Gleichgültig übrigens, wie gut unsere Lage bereits ist. Wir wollen (erfolg-)reicher werden, schlanker, sportlicher, begehrenswerter ... Die gesamte Konsumgüterindustrie lebt von dieser Hoffnung und sie liefert uns täglich frische Zukunftsversprechen. Die neue Creme macht unsere Haut glatter, der Investmentfonds unsere Geldbörsen dicker und der Fitnessclub unsere Rückseiten schlanker. Dass die wenigsten dieser Versprechen tatsächlich eingelöst werden, ist völlig egal, denn unser Gehirn geht in Sachen Glück in Vorkasse. Die Glückshormone werden bereits ausgeschüttet, wenn die Hoffnung mit einem Einkauf ihre Fahrkarte in eine bessere Zukunft löst. Dass sie dort gegebenenfalls nie ankommt, bleibt in der Gegenwart belanglos.

Das beste Beispiel dafür sind Lotteriescheine. Sie stellen faktisch eine der unsinnigsten Produktionen von Altpapier dar. Die Gewinnchancen sind kleiner als marginal. Aber allein die Vorstellung des plötzlichen und ehrlich gesagt ja auch völlig unverdienten Reichtums ist Millionen von Menschen den Preis des Scheines wert. Sie wis-

sen, dass sie wahrscheinlich nicht gewinnen. Aber für den kurzen Glücksmoment der Hoffnung ist für viele der vergleichsweise kleine Einsatz ein gutes Investment.

Tatsächliches Glück bringt selbst der statistisch so unwahrscheinliche Sechser im Lotto nicht. Studien haben nachgewiesen, dass das Glücksniveau von Lottogewinnern nach der anfänglichen Euphorie schon nach einem Jahr wieder auf seinem ursprünglichen Level ist. Genauso verhält es sich auch mit unserem Unglücklichsein: Auch Menschen, die zum Beispiel durch einen Unfall plötzlich querschnittsgelähmt sind, haben nach einem Jahr wieder ihr altes Glücksniveau erreicht. Klar, es gibt Ausnahmen in beiden Fällen. Es spricht aber vieles dafür, dass dann über den Lottogewinn oder den Unfall hinaus andere Faktoren ausschlaggebend waren.

Unser Gehirn mahnt uns kontinuierlich zur Vorsicht, um sich selbst zu erhalten: „Zieh den Tiger nicht am Schwanz, sonst musst du dich über kurz oder lang mit seiner Vorderseite auseinandersetzen." Warnmeldungen sind immer in die Zukunft gerichtet, sonst kämen sie zu spät. Aber da verbirgt sich eine gefährliche Falle: Wenn wir nämlich laufend nach Warnhinweisen Ausschau halten, bekommen wir Angst vor der Zukunft. Warum aber sollten wir Angst vor einer Zeit haben, in der wir nie leben werden? Das Einzige, wovor wir Angst haben sollten, ist die Angst. Denn die erleben wir heute, im Hier und Jetzt. Und da leben und atmen wir und da reden wir miteinander.

Das Hier und Jetzt ist die Zeit zwischen Vergangenheit und Zukunft, zwischen Bedauern und Angst. Ein sicherer Ort. Hier können wir reden.

10 Richtig reden: Die acht Maximen emotional intelligenter Kommunikation

Wie fühlen Sie sich am Ende dieser Reise in die Welt der emotional intelligenten Kommunikation? Hoffentlich haben Sie Erkenntnisse gewonnen und einige Werkzeuge für Ihre Kommunikation entdeckt. Vielleicht haben Sie auch erfahren, in welchen Kommunikationsfallen Sie selbst schon einmal gefangen waren, oder dass Sie manches im Austausch mit anderen längst richtig gut machen.

Sie stehen nun an einem wichtigen Punkt: Sie entscheiden, welche Schritte Sie unternehmen möchten, um alte Kommunikationsgewohnheiten zu hinterfragen, untaugliche oder schädliche Strategien aus Ihrem Repertoire zu streichen und – am allerwichtigsten – diese durch eine neue Art, mit Ihren Mitmenschen zu reden, zu ersetzen.

Eingangs habe ich es erwähnt: „Ich kann es auch nicht." Also, streben Sie keine Perfektion an! Folgen Sie Ihrer Motivation und denken Sie daran, dass Veränderung bereits bei der Selbstreflexion und kleinen Taten beginnt. Verfolgen Sie das, was Sie neugierig macht und Ihnen lohnend erscheint.

Wenn Sie mögen, können Sie anhand folgender Fragen eine Bestandsaufnahme machen, die Ihnen dabei als Impulsgeber dienen kann:

- Welches waren Ihre wichtigsten Aha-Erlebnisse bei der Lektüre dieses Buchs?
- Welche Übung haben Sie als größte Herausforderung empfunden?
- Welche Stellen im Buch möchten Sie mit einer Person teilen, die Ihnen wichtig ist?

Ich möchte Sie nun einladen, zum Abschluß nochmal einen Gesamtblick auf die acht Maximen der emotional intelligenten Kommunikation zu werfen. Betrachten Sie jede Regel vor dem Hintergrund Ihrer eigenen Erfahrungen und Ziele und überlegen Sie, wie Sie sie in Ihrem Leben anwenden können.

Die acht Maximen emotional intelligenter Kommunikation

1. **Emotionen:** Kommunikation ist keine Kopfsache, sie wirkt vor allem emotional.
2. **Freundlichkeit:** Echte Kommunikation findet nur statt, wenn kein Kampf- oder Fluchtreflex ausgelöst wird.
3. **Relevanz:** Menschen nehmen nur die Informationen auf, die sie berühren.
4. **Bedürfnisse:** Die Aussicht auf Bedürfniserfüllung ist der wichtigste Impuls zur Kooperation.
5. **Narrative:** Aus Annahmen über die Wahrnehmung anderer werden Missverständnisse geboren.
6. **Augenhöhe:** Auf einem hierarchischen Gefälle gerät gelingende Kommunikation zuverlässig ins Stolpern.

7. **Zuhören:** Aufnahmefähigkeit ist genauso wichtig wie Sendebereitschaft.
8. **Fokus:** Gelingende Kommunikation kann nur in der Gegenwart zustande kommen.

Was soll das eigentlich alles?

Manchmal tut es gut, sich auf das Wesentliche zu besinnen. In diesem Fall heißt das, wir dürfen und wir sollten uns noch einmal ausdrücklich die Frage stellen: Warum reden wir überhaupt miteinander?

Wir reden miteinander, weil wir existenziell auf den Austausch von Informationen angewiesen sind. Wir benötigen sie, um zwei unserer wichtigsten menschlichen Grundbedürfnisse zu erfüllen: das nach Autonomie einerseits und das nach Verbundenheit andererseits. Um unser Leben frei zu gestalten, brauchen wir Informationen, auf deren Grundlage wir die dazu notwendigen Entscheidungen treffen können. Um Gemeinschaft zu erfahren, müssen wir wissen, was deren Regeln sind und wie die anderen Mitglieder so ticken.

In beiden Fällen geht es nicht nur um faktische Informationen (Uhrzeit, Wetterlage, Schwerkraft), sondern wir benötigen darüber hinaus auch emotionale Informationen (Liebst du mich? Bist du zufrieden? Bricht unsere Familie auseinander?). Egal ob *Hard* oder *Soft Facts,* wir werden sie nur von Menschen bekommen. Und die sind nun mal hoch emotionale Lebewesen – wie wir selbst. Wir müssen also richtig miteinander reden, wollen wir unsere wichtigsten Bedürfnisse erfüllen, und wir müssen diese Aufgabe mit einem hohen Maß an emotionaler Intelligenz meistern, sonst meistern wir sie gar nicht.

Wir tauschen mehr als Worte aus!

Erinnern Sie sich an Paul Watzlawicks Aussage, dass wir nicht nicht kommunizieren können? Hinzu kommt: Jedes Mal, wenn wir miteinander reden, kann sich die Beziehung zwischen zwei Menschen verändern, und damit *Wir*. Und als wäre es noch nicht genug, kann sich mit jeder Kommunikation auch unser Gehirn verändern.

Wir bekommen Informationen, die unser Verständnis von der Welt wandeln, wir verlieben uns oder werden traumatisiert. Das Spektrum der Möglichkeiten ist riesig. Nur, dass *nichts* passiert, das ist sehr unwahrscheinlich. Es sei denn, wir haben uns nicht berührt oder das Gesagte hat keine Relevanz, dann hat aber auch keine Kommunikation stattgefunden.

Funktioniert das miteinander Reden, haben wir uns berührt und haben wir uns was zu sagen, dann fügt unser Gehirn die Berührungspunkte, die Informationen und unsere Reaktionen seinem Erfahrungsspeicher hinzu. Gespräche zu Lernerfahrungen, shape-changing Interactions, die unser Gehirn strukturell verändern: diese Neuroplastizität ist ein Wunder! Wer KI für faszinierend hält, der beschäftige sich mal mit NI (Natürliche Intelligenz).

Darum geht es bei emotional intelligenter Kommunikation: Wir tragen eine Verantwortung für unseren Gesprächspartner und umgekehrt. Für unsere Beziehung, die wiederum ausstrahlt auf andere in unserer Umgebung. Wenn wir miteinander reden, macht das etwas mit mir, mit dir, mit uns und allen.

Wege zur Verbundenheit

Wir müssen so miteinander reden, dass eine Verbindung entsteht, sonst gibt es keine Verbundenheit. Wenn das wie eine Binsenweisheit klingt, dann nur, weil es immer wieder in die Binsen geht! Gelingt es uns nicht, die Verbindung zwischen dem Ich und dem Du in den Mittelpunkt unserer Aufmerksamkeit stellen, werden wir unser Bedürfnis nach Verbundenheit nicht befriedigen.

In diesem digitalen Zeitalter bekommen wir gerade einen guten Eindruck davon, dass es nicht gut ist, wenn Menschen die Flucht in ein eitles und einsames Ego antreten. Wer keine Verbundenheit findet und sich ins Ich zurückziehen muss, dem wird es dort schnell zu eng. Dann bläst man das kleine Ich lieber zum Riesen-Ego auf, wozu einen viele Aspekte des modernen Lebens befähigen. Aber egal wie viele Follower jemand in einem sozialen Medium sammelt, es wird keine Verbundenheit entstehen. Schon der Begriff ist bezeichnend, denn wer Follower ist, läuft mir hinterher, und wer mir hinterherläuft, den sehe ich nicht und dem schaue ich erst recht nicht in die Augen. Da gibt es keine Verbindung außer der Datenleitung.

Wenn Sie Verbundenheit mit einer Person suchen, werden Sie Gast in deren Gefühlsleben, und da müssen Sie natürlich etwas mitbringen! Haben Sie ein Geschenk dabei – ein emotional wirksames. Ein Lächeln, einen glücklichen Gedanken, eine gute gemeinsame Erinnerung zum Beispiel.

Wir müssen signalisieren, dass wir etwas Gutes für unseren Gesprächspartner im Gepäck haben. Erst, wenn dieses „Ich bin gut für dich“ angeboten und angenommen ist, können wir uns verbinden. Unsere Gehirne jedenfalls sind für solche wunderbaren Synchronisationen offenbar wie gemacht.

Und es braucht dazu nur zwei Menschen. Verdammt, es gibt doch genug! Acht Milliarden Homo Sapiens verbunden durch ihr Bedürfnis nach Verbundenheit. Alles, was wir tun müssen, ist freundlich aufeinander zugehen, Blickkontakt aufnehmen – und schon reden wir!

Lass uns tanzen!

Verbindungen entstehen auch auf einer nonverbalen Ebene – ohne, dass wir dies bewusst wahrnehmen. Schenken wir unserm Gegenüber unsere ganze Aufmerksamkeit, dann geschieht dank unserer Spiegelneuronen etwas Wunderbares: Mit Mimik, Körperhaltung und Stimme beginnen wir uns gegenseitig zu spiegeln. „Wir schwingen miteinander“ – so beschreibt die Psychologin und Beraterin Beate Fietze diesen Prozess. Als ich das von ihr bei einer gemeinsamen Kundenberatung zum ersten Mal hörte, befremdete mich dieses Bild.

Es weckte in mir Assoziationen, die irgendwo zwischen Seniorengymnastik und Swingerclub lagen. Tatsächlich aber ist es eine sehr zutreffende und sehr schöne Beobachtung, das ist mir inzwischen klar geworden. Statt uns gegenseitig durch Manipulationen zu Objekten zu machen, begeben sich unsere ganzen Persönlichkeiten in eine Art Tanz, in dem wir uns harmonisch miteinander durch unser Gespräch bewegen.

Dieser Tanz braucht Vertrauen. Wir müssen uns aufeinander einlassen und kommen einander nahe. Wir dürfen keine Grenzen verletzen und uns nicht auf die Füße treten. Das kann in Sachen Intimität die Tango-Liga erreichen. Aber genau dort werden Gespräche buchstäblich mitreißend.

Ich, du, wir, viele

Wenn sie vor eintausend Leuten sprechen sollen, ein Fernsehinterview geben oder eine Präsentation vor Kollegen halten, dann werden die meisten Menschen nervös. Wir nehmen solche Herausforderungen als besonders wichtige Kommunikationsaufgaben wahr. Gleichzeitig behandeln wir zahllose Zwiegespräche in unserem Alltag mit geradezu fahrlässiger Leichtfertigkeit, frei nach dem Motto: „Ist ja nur einer!“. Als sei es statistisch unerheblich, ob man durch eine schlechte Kommunikation die Beziehung zu einem Einzelnen gefährdet. Da fallen dann Sprüche wie „Na ja, man kann sie nicht alle gewinnen!“, begleitet von einem Schulterzucken und einem ruckzuck zusammengedichteten Rechtfertigungsnarrativ. Viele Menschen werden auf die Art zum

Kollateralschaden der Achtlosigkeit, egal, ob in der Familie, in der Paarbeziehung oder im Job.

Über verbale Gewalt sind wichtige Bücher geschrieben worden. So weit müssen wir hier gar nicht gehen: Allein ein Mangel an Wertschätzung birgt großes Beziehungszerstörungspotenzial. Menschen, die achtsam mit der Aufgabe „Wir müssen reden“ umgehen, sind leider die Ausnahme!

In der Kommunikation gibt es nur vier Dimensionen: Ich, du, wir, viele. Das Ich, das Du und das Wir bauen aufeinander auf. Ich und Du bilden das Wir. Alles, was mehr ist, sind viele. Fertig.

Mit anderen Worten: Das Gespräch zwischen zwei Menschen, zwei Gehirnen, zwei Herzen ist der Nukleus jeglicher Kommunikation. Selbst ein Bestseller, den Millionen Menschen lesen, stellt ein leises Zwiegespräch zwischen der Autorin und einer Leserin her – nur eben Millionen Einzelgespräche. Sie sitzen also abends mit J. K. Rowling im Bett und sie erzählt Ihnen eine Geschichte. Oder mit Stephen King. Viel Spaß! Auch große Fernseh- oder Bühnenshows sind am Ende Zwiegespräche zwischen den Künstlern und den individuellen Zuschauerinnen und Zuschauern. Jeden von uns berühren sie anders. Und jedem erzählen sie vor dem Hintergrund seines eigenen Lebens eine ganz eigene Geschichte.

Dass andere unter Umständen zum selben Zeitpunkt dieselben Wörter hören und dieselben Bilder sehen und doch eine ganz andere Geschichte wahrnehmen, hat auf diese Einzelkommunikation keinen Einfluss. Das ist eine andere Baustelle, eine andere Kommunikation.

Sie können das Mal ganz bequem auf dem Sofa überprüfen. Sie benötigen dazu nur einen Film und einen weiteren Menschen.

Sehen wir denselben Film?

Schauen Sie gemeinsam mit Ihrer Partnerin oder Ihrem Partner (oder einer anderen nahestehenden Person) einen Film. Anstatt sich anschließend über den Film zu unterhalten, schreiben Sie zunächst jeder für sich auf, was Sie berührt hat, woran Sie erinnert wurden, welche Bedeutung der Film für Sie hat. Legen Sie die Zettel beiseite.

Erst jetzt tauschen Sie sich gegenseitig über den Film aus und beantworten gemeinsam, was Sie berührt und was eine Bedeutung für Sie hat.

Dann vergleichen Sie die gemeinsamen mit Ihren einzelnen Reaktionen.

Sie werden feststellen, dass der Film Sie unter Umständen sehr unterschiedlich berührt hat (laut Ihrer Einzelantworten), Sie aber dennoch auch gemeinsame Berührtheiten festhalten konnten.

Der Grund ist, dass wir im Austausch immer Gemeinsamkeiten suchen. Im Austausch beginnen wir schnell, gemeinsame Berührtheiten, vielleicht auch Begeisterung zu teilen.

Es handelt sich um ein Beziehungsdreieck, wie Sie es vielleicht noch nicht kennen:

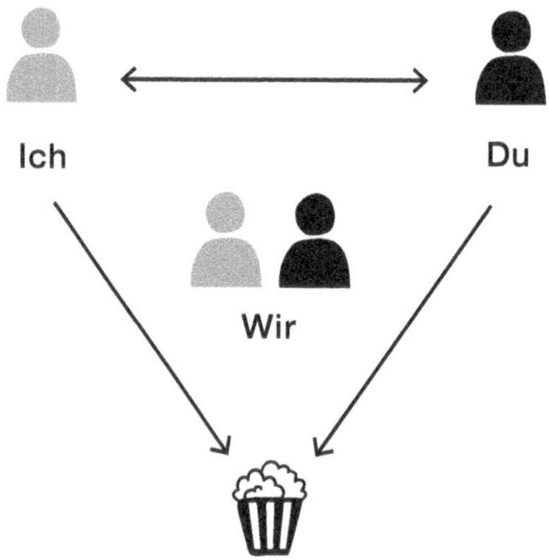

Es gibt die Beziehung zwischen Ihnen (ich) und Ihrem Partner (du). Hinzu kommen die Beziehungen zwischen Ihnen und dem Film und Ihrem Partner und dem Film. Das „Wir" besteht aus diesen drei Beziehungen. Es hat kommunikativ sozusagen keine eigene Substanz, sondern ist die Summe der einzelnen Beziehungen.

Der Rest hat Pause

Soll aus einem Austausch mehr werden als ein Zunehmen des Grundrauschens, müssen wir unserem Gesprächspartner unsere ungeteilte Aufmerksamkeit schenken: Das heißt Handy aus, andere Themen gedanklich beenden, Blickkontakt aufnehmen, den anderen auf uns wirken lassen.

Achtsamkeitstraining und Meditationen können deshalb einen erheblichen Beitrag zu gelingender emotional intelligenter Kommunikation leisten. Dazu müssen wir nicht mal einen Stuhlkreis bilden oder Räucherkerzen anzünden. Meditation ist nichts anderes als ein Training für den Geist. Also … trainieren Sie doch mal Achtsamkeit in einer Gesprächssituation:

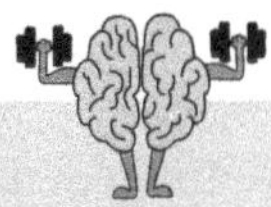

Konversation als Meditation

Fokussieren Sie sich zunächst auf sich selbst:

- Schalten Sie Ihr Handy aus.
- Sitzen Sie bequem?
- Sind Sie entspannt? (Wo ist Ihre Zunge? (s. S. 68).
- Sagen Sie sich, dass alle anderen Themen nun Pause haben. Es geht nur um dieses Gespräch.

Richten Sie dann Ihre Aufmerksamkeit auf Ihren Gesprächspartner:

- Sind wir an einem geeigneten Ort für unser Gespräch?
- Wirkt er oder sie entspannt?
- Lächelt er oder sie?
- Ist die Körperhaltung mir zugewandt?
- Welchen emotionalen Impuls will ich ihm oder ihr geben?
- Nehmen Sie Augenkontakt auf.

Beobachten Sie nur, deuten Sie nicht und vor allem, urteilen Sie nicht. Nun kann ein gutes Gespräch beginnen.

Wie jede andere Maxime emotional intelligenter Kommunikation lässt sich Fokussiertheit durch Übung und Wiederholung zur Gewohnheit machen. Täglich reden wir mit unseren Mitmenschen. Jedes dieser Gespräche kann zum Trainingslager unsere kommunikativen Kompetenzen werden. Und das, ohne dass der andere sich fühlt wie ein Versuchskaninchen. Im Gegenteil! Ihre Gesprächspartner werden es als sehr wohltuend empfinden, dass Sie ihnen zum Beispiel Ihre volle Aufmerksamkeit schenken. Wenn Sie jetzt sagen, das ist doch eine Selbstverständlichkeit, dass wir aufmerksam sind, dann haben Sie recht. Aber wir halten uns meist nicht daran.

Wir sind so vielen Ablenkungen ausgesetzt – und dem Mythos verfallen, dass Multitasking möglich ist –, dass wir es selten schaffen, uns auf nur eine Sache zu fokussieren. Selbst dann nicht, wenn sie wichtig ist.

Doch alles, was sich wie funktionierendes Multitasking anfühlt, ist nicht mehr als ein Brain-Fake, eine schnelle Abfolge aneinandergereihter Aufmerksamkeiten. So wie die einzelnen Bilder eines Films, die in unserem Gehirn zu einem bewegten Abbild des richtigen Lebens zusammengesetzt werden.

Tatsache ist: Wir selbst machen die Bilder, die sich zum Film unseres Lebens zusammenfügen. Und wir selbst entscheiden, ob es nur eine Collage von flüchtigen Eindrücken wird oder ein kontinuierliches und nachhaltiges Narrativ dessen, was uns wirklich wichtig ist.

Der Affe im Gehirn

Die buddhistische Philosophie bezeichnet mangelnde Aufmerksamkeit passenderweise als „monkey mind“, also Affengeist. Gemeint ist Ihr Geist. Und meiner. Als Menschen haben wir allesamt die Neigung, unsere Gedanken springen zu lassen wie Affen, die von Ast zu Ast schwingen.

Solange wir sie nicht bändigen, sind unsere Gedanken laufend auf dem Sprung von einem Thema zum nächsten. Erst wenn wir uns ganz einer einzigen Sache widmen, wird der Affe zum Philosophen, sitzt ruhig auf seinem Ast und betrachtet, was es zu betrachten gibt.

Vor schwierigen Kommunikationssituationen empfiehlt es sich deshalb besonders, den Affen zu bändigen: vor dem Beziehungsgespräch, das so viel inhaltlichen Sprengstoff bietet, dass sein Ausgang über unser zukünftiges Glück entscheiden könnte; vor dem Teamtreffen, vor der Rede oder dem Fernsehinterview …

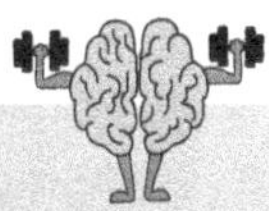

Ruhe im Karton!

Setzen Sie sich bequem hin – wenn Sie möchten, schließen Sie die Augen – und lenken Sie Ihre Aufmerksamkeit auf Ihren Atem. Zum Einstieg kann es hilfreich sein, Ihre Atemzüge zu zählen oder den Atemrhythmus gedanklich mit den Worten „Ein“ und „Aus“ zu begleiten.

Wann immer sich Gedanken aufdrängen, nehmen Sie diese wahr, schicken sie weiter und kehren Sie mit Ihrer

Aufmerksamkeit zum Atem zurück. Dazu können Sie sich vorstellen, dass die Gedanken wie Wolken vorbeiziehen.

Offenheit im Gespräch heißt „vorübergehend geschlossen“ für alles andere! Wir müssen dazu immer die Augen und die Ohren öffnen für denjenigen, mit dem wir gerade reden. Je nach Art und Wichtigkeit einer anstehenden Kommunikation profitieren Sie und Ihr Gegenüber auch von einer Gesprächsvorbereitung.

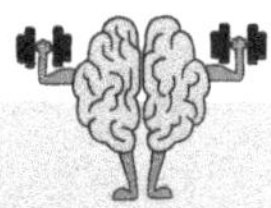

Fokuszeit

Nehmen Sie sich ein paar Momente Zeit, zu fokussieren. Beantworten Sie folgende Fragen – am besten schriftlich:

- Warum ist der Mensch, mit dem ich gleich rede, wichtig für mich?
- Was bedeutet er/sie mir?
- Möchte ich etwas erfahren über diesen Menschen oder ihm etwas mitteilen, das für unsere Beziehung von Bedeutung ist?

Gerade im beruflichen Umfeld ist die Gefahr groß, dass die einzige Referenz, die wir zu einem Gespräch mitbringen, die Terminerinnerung auf dem digitalen Kalender ist. Das ist aber nicht genug. Ich will hier niemanden unterschätzen, aber die Wahrscheinlichkeit geht gegen null, dass Ihr Gehirn Ihnen mal eben intuitiv die Bedeutung des Gesprächspartners und des Gespräches in Erinnerung ruft. Das müssen Sie schon selbst und bewusst tun.

Voll im Flow

Kennen Sie dieses Gefühl, wenn Sie sich unterhalten und die Zeit wie im Flug vergeht? Man spricht über alle möglichen Dinge, die beiden Gesprächspartnern wichtig sind, entdeckt geteilte Hoffnungen, Einstellungen oder Abneigungen, schenkt sich Mitgefühl und lacht gemeinsam auf ... und plötzlich sind Stunden vorbei. Es ist ein Zustand des vollständigen Eintauchens in eine Tätigkeit, bei dem wir eine tiefe Zufriedenheit empfinden. Der Psychologe Mihaly Csikszentmihalyi prägte dafür einen Begriff, der längst in unser Alltagsvokabular eingeflossen ist: *Flow*.

> *Dazu ausnahmsweise ein Beispiel aus meiner eigenen Gefühlswelt. Im Jahr 2021 lernte ich den Hirnforscher Professor Gerald Hüther kennen. Über mehrere Monate arbeiteten wir – ohne uns zu dem Zeitpunkt jemals persönlich getroffen zu haben – an unserem gemeinsamen Buch* Wir informieren uns zu Tode. *Obwohl wir keinerlei gemeinsame Vorgeschichte hatten, fanden wir uns gegenseitig sehr schnell in der Arbeit. Verständnis kam, so schien es, fast intuitiv. Als wir dann unsere jeweiligen Teile geschrieben hatten und uns gegenseitig Änderungsvorschläge in die Texte schrieben, war das völlig schmerzlos. Es war, als wäre ein einziges Gehirn an der Arbeit. Kritik*

wirkte nicht kränkend, Vorschläge beflügelten und die Arbeit fühlte sich an wie eine natürliche Bewegung. Binnen weniger Wochen war aus einem Gedankenkonstrukt ein fertiges Manuskript geworden. Der Prozess war so inspirierend und befriedigend für uns beide, dass wir ihn auch nach dem Erscheinen des Buches fortsetzen wollten. Aus diesem Wunsch entstand bei einem Abendessen wieder völlig mühelos die nächste Idee. Seitdem produzieren wir unseren Podcast „Ist das Information oder kann das weg?“, in dem wir aktuelle Nachrichten aufgreifen und auf ihre Relevanz und Wirkung untersuchen. Selten benötigen wir für die Produktion einer Podcast-Folge mehr als ein paar Minuten Vorgespräch. Es ist jedes Mal einfach ein müheloser Fluss von Gedanken – Flow eben. Es ist eine der erfreulichsten professionellen und persönlichen Erfahrungen, die ich je machen durfte, und zutiefst befriedigend.

Wasser fließt bekanntlich nur bergab. Bei positiven Gefühlen ist das anders. Wenn sie im Flow entstehen, befördern sie uns auf eine höhere Erfahrungsebene. Die zeichnet sich vor allem dadurch aus, dass wir sie nicht kognitiv steuern müssen. Wichtig scheint mir, dass solche Flow-Erfahrungen in der Kommunikation nur möglich sind, wenn sich die Gesprächsteilnehmer gemeinsam positiv irgendwo hinbewegen.

Es gibt keinen Flow im Stillstand. Das steckt schon im Begriff: Flow ist Bewegung. Es gibt auch keinen Flow wider Willen. Flow ist nicht anders vorstellbar als mit einer positiven Einstellung aller Beteiligten, sich gegenseitig in dieselbe Richtung zu beflügeln.

Warum erzähle ich Ihnen das? Ganz einfach, weil ich Ihnen viele dieser Flow-Momente wünsche und weil Sie mit Ihrem gewonnenen Wissen über emotional intelligente Kommunikation alle Voraussetzungen haben, die Zahl Ihrer zukünftigen kommunikativen Flows spektakulär zu vervielfachen.

Spätestens an diesem Punkt ist klar: Emotional intelligente Kommunikation ist kein „Nippel-durch-die-Lasche-ziehen". Es ist keine Fertigkeit, die man mal eben in einem Volkshochschulkurs erwirbt und von da an in jeder Situation beherrscht. Es geht auch nicht um irgendeine Begabung oder „Kommunikationstalent". Am Ende geht es um persönliche Entwicklung.

Abschied zur Heldenreise

Die acht Maximen der emotional intelligenten Kommunikation sind fundamental, wollen wir uns erfolgreich auf den Weg machen, hin zu tieferen, stärkeren und glücklicheren Beziehungen und Verbindungen mit unseren Mitmenschen. Aber sie wirken nicht wie Zauberstäbe, die man in Harry-Potter-Manier einmal schwingt und dann klappt das mit der Kommunikation. Sie sind vielmehr unverzichtbares Gepäck für unsere persönliche Entwicklungsreise. Ob wir darin zur Heldin oder zum Helden werden, liegt einzig und allein in unseren eigenen Händen beziehungsweise Worten.

Sicher ist, wir werden alle weiter miteinander reden – auf die eine oder andere Art –, und dieser Austausch wird nicht leichter, sondern komplexer.

Einerseits schwappt die Informationsflutwelle der globalen, digitalisierten Gesellschaft unablässig mit viel Unsinn und schlimmen Nachrichten über uns hinweg. Uns drängt sich der Eindruck auf, die Welt sei schlecht, der Ton rauer, unsere Mitmenschen rücksichtslos und wir selbst unfähig, etwas daran zu ändern. Die bunte Welt des Konsums lockt uns in einen Individualismus, der in seinen Äußerungen längst narzisstische Züge angenommen hat. Andererseits hält unsere Welt immer noch auch schöne Überraschungen und positive Weiterentwicklungen für uns bereit. Noch nie waren die Regeln unseres Miteinanders so von Menschlichkeit und Solidarität geprägt wie heute. Noch nie hatten so viele Menschen Zugang zu gesunder Ernährung und Bildung und lebten in Frieden. Wir haben mehr Möglichkeiten als je zuvor, miteinander in Verbindung zu treten und zu bleiben. Es gibt immer noch die unzähligen freundlichen Gesten, die uns Menschen im Alltag schenken. Die Konsumgesellschaft beschert uns viele Dinge, die unser Leben einfacher machen, und gleichzeitig einen globalen Trend, unsere Umwelt zu schützen und zu erhalten. Wir haben die Freiheit, zu lieben, wen wir wollen und nicht mehr damit aufzuhören. So kann man das auch sehen. Das sind keine „alternativen Fakten". Das ist eine Frage der Wahrnehmung!

Wenn ich an meinem Wohnort in den Himmel schaue, sehe ich fast zu jeder Zeit ein Flugzeug im Landeanflug. Diese fliegenden Apparate sind für mich seit Kindertagen wahre Sehnsuchtsobjekte, und ich schaue noch heute jedem einzelnen silbern glänzenden Vogel mit großer Begeisterung hinterher. Wenn ich selbst verreisen will, kann ich zum nahegelegenen Flughafen fahren und an Bord gehen. Die Flieger bringen einen Wohlstand, der nicht zu Fuß kommen kann, und sie bringen auch meine Einkäufe, wenn ich beim Online-Shopping in den USA oder China zuschlage. Einige meiner Nachbarn jedoch haben eine Bürgerinitiative gegen Fluglärm gegründet. Sie empfinden alles andere als Freude, wenn sich ein fliegendes Ungetüm nähert. Sie fühlen sich in ihrer Ruhe gestört, manche haben vielleicht sogar Sorge, so ein hundert Tonnen schweres Teil könnte ihnen auf die Rübe fallen oder den Schrebergarten verwüsten. Oder gar, dass die Kondensstreifen der Flugzeuge chemische Bomben sind, die irgendeine globale Verschwörung auf uns regnen lässt.

Wer von uns hat recht? Niemand. Alle. Die Wahrnehmung eines Einzelnen ergibt nie das vollständige Bild einer Sache, sie erzählt lediglich die individuelle Geschichte davon, wie diese Person die Welt versteht. Wie wir selbst die Welt wahrnehmen, das können wir frei entscheiden.

Wenn wir reden, schaffen wir eine ganze Welt

Wir erzählen uns selbst Geschichten darüber, wie wir die Welt verstehen, und teilen sie auch mit anderen. Berührt unsere Geschichte diese anderen, dann wird meine zu einem Teil ihrer Geschichte. Aus Ich und Du wird ein (kleines) Wir, und wenn die Geschichte sich weiter verbreitet sogar ein großes. Wenn wir uns mitteilen, teilen wir ein Stück unserer Welt.

Wer sich das einmal klarmacht, der dürfte nicht mehr daran zweifeln, dass miteinander Reden viel mehr ist als ein bloßer Wissenstransfer.

Unsere Worte und Narrative prägen unser Selbstverständnis und erzählen uns damit auch, wer wir sind. Sind wir liebevoll, aufgeschlossen und zugewandt, oder sind wir durchsetzungsstark, verschlossen und alleine. Sind wir Suchende und Liebende oder sind wir Allwissende und Beherrschende? Das sind die Entscheidungen, die wir treffen müssen. Jeder für sich. Entscheiden wir, Suchende und Liebende zu sein, dann werden wir neugierig sein auf alles, was andere mit uns teilten. Und wir werden anderen mit dem, was wir sagen, helfen, weil uns ihr Glück am Herzen liegt.

Am Ende bleibt die Suche nach Glück das große Geheimnis emotional intelligenter Kommunikation. Es ist ein Geheimnis, das dieses (und jedes andere) Buch nicht für Sie lüften kann, weil jeder und jede für sich eine eigene Spur verfolgen muss, um es zu finden. Der einzige Hinweis, den es für die Suche gibt, ist dieser: Die Lösung liegt im Miteinander und in der Verbundenheit mit unseren Mitmenschen. Und damit in der Art und Weise, wie wir miteinander reden.

Quellen- und Literaturverzeichnis

Einleitung

Goleman, Daniel: Emotionale Intelligenz. München 1997.

Watzlawick, P., Beavin, Janet H., Jackson, Don D.: Menschliche Kommunikation. Formen, Störungen, Paradoxien. Bern 2016 (1969).

Kapitel 2

Obama, Barack: Ein verheißenes Land. München 2020.

Kapitel 3

Psychopathen und Narzissten in Führungsetagen: vgl. (2019): „Viele Manager leiden unter einer Persönlichkeitsstörung". In: wissenschaft.de. URL: www.wissenschaft.de/gesellschaft-psychologie/viele-manager-leiden-unter-einer-persoenlichkeitsstoerung/ (Abrufdatum: 23.07.2024).

Ausbreitung von Emotionen: vgl. Wilkinson, David: „How our emotions influence work groups and organisations". In: The Oxford Review. URL: www.oxford-review.com/emotions-influence-groups/ (Abrufdatum: 23.07.2024).

Präferenz für glückliche Gesichter: vgl. Wood, Matt (2016): „How the brain spots a friendly face in the crowd". In: UChicagoMedicine. URL: www.uchicagomedicine.org/forefront/neurosciences-articles/2016/september/howthe-brain-spots-a-friendly-face-in-the-crowd (Abrufdatum: 23.07.2024).

Goleman, Daniel: Soziale Intelligenz: Wer auf andere zugehen kann, hat mehr vom Leben. München 2006.

Kapitel 4

Gorillatest vgl. Chabris, Christopher; Simons, Daniel (2010): „The invisible Gorilla". In: The Invisible Gorilla. URL: http://www.theinvisiblegorilla.com/gorilla_experiment.html (Abrufdatum: 23.07.2024).

Branson, Richard: The Virgin Way: Wie ich das Thema Führung sehe. Kulmbach 2015.

Kapitel 6

Clancy, Tom: Teeth of the Tiger. New York 2003.

Harari, Yuval Noah: 21 Lektionen für das 21. Jahrhundert. München 2021.

Kapitel 7

Thich Nath Hanh: achtsam sprechen – achtsam zuhören. Die Kunst der bewussten Kommunikation, München 2019.

Kapitel 8

Dalai Lama: vgl. Robinson, Sir Ken (2023): „The Dalai Lama's Surprising Answer that Redefines Leadership." In: You-

Tube. URL: www.youtube.com/watch?v=scT0M4VftQg (Abrufdatum: 23.07.2024).

Kapitel 9

Beurteilungen: vgl. (2018): „Gleiche Fehlerzahl – schlechtere Note". In: News4Teachers. URL: www.news4teachers.de/2018/07/gleiche-fehlerzahl-schlechtere-note-migrationshintergrund-macht-den-unterschied/ sowie Schuster, Carolin (2019): „Wer wird denn nun bei den Noten benachteiligt – Mädchen oder Jungen?". In: The Inquisitive Mind. URL: www.de.in-mind.org/article/wer-wird-denn-nun-bei-den-noten-benachteiligt-maedchen-oder-jungen sowie (2024): „Neue Studie zur Vergleichbarkeit von Schulnoten". In: Studentenring Kiel. URL: www.kiel.studentenring.de/nachhilfe-blog/vergleichbarkeit-schulnoten-2024/ (Abrufdatum: 23.07.2024).

Glück: vgl. dpa (2010): „Experte warnt: Freude über Lottogewinn währt nur kurz". In: Nordbayern. URL: www.nordbayern.de/panorama/experte-warnt-freude-uber-lottogewinn-wahrt-nur-kurz-1.405050 (Abrufdatum: 23.07.2024).

Jung, C. G. in: Quadbeck-Seeger, Hans-Jürgen: Aphorismen & Zitate über Natur und Wissenschaft. Weinheim 2013.

Kuru, Gizem: vgl. Gizem Kuru (2016): „Then why worry?". In: YouTube. URL: www.youtube.com/watch?v=9YRjX3A_8cM (Abrufdatum: 23.07.2024).

Twain, Mark: Lautstärke beweist gar nichts. Respektlose Wahrheiten. Berlin 2013.

Kapitel 10

Csikszentmihalyi, Mihaly: Flow. Das Geheimnis des Glücks. Stuttgart 2017.

Burdy, Robert; Hüther, Gerald: Wir informieren uns zu Tode: Ein Befreiungsversuch für verwickelte Gehirne. Freiburg i. Br. 2022.